DGFP e.V. (Hrsg.)

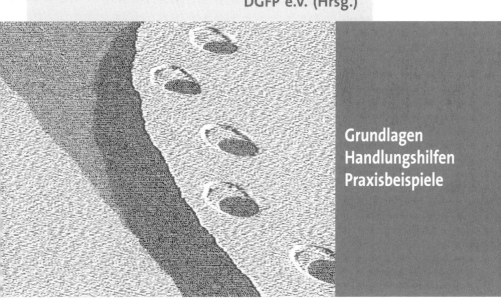

Grundlagen
Handlungshilfen
Praxisbeispiele

Retentionmanagement
Die richtigen
Mitarbeiter binden

DGFP e.V. (Hrsg.)

Unter Mitwirkung von
Sascha Armutat　　Klaus Meiser
Ralf Brümmer　　　Annette Nagel
Jürgen Busch　　　André Schleiter
Anke Geyer　　　　Hansjörg Weitbrecht
Michael Hugo

Retentionmanagement
Die richtigen Mitarbeiter binden

Grundlagen
Handlungshilfen
Praxisbeispiele

Herausgegeben von der
Deutschen Gesellschaft
für Personalführung e.V.

Deutsche Gesellschaft
für Personalführung e.V. (Hrsg.)

Unter Mitarbeit von Sascha Armutat, Ralf Brümmer, Jürgen Busch,
Anke Geyer, Michael Hugo, Klaus Meiser, Annette Nagel, André Schleiter,
Hansjörg Weitbrecht

Retentionmanagement – Die richtigen Mitarbeiter binden
Grundlagen – Handlungshilfen – Praxisbeispiele

Düsseldorf: Deutsche Gesellschaft für Personalführung e.V. 2004
Schriftenreihe Band 72

Bibliografische Informationen der Deutschen Bibliothek
Die Deutsche Bibliothek verzeichnet diese Publikation in der Deutschen Nationalbibliografie;
detaillierte bibliografische Daten sind im Internet über <http://dnb.ddb.de> abrufbar.

---

1. Auflage 2004

Gesamtherstellung und Verlag:
W. Bertelsmann Verlag GmbH & Co. KG
Postfach 10 06 33, 33506 Bielefeld
Telefon: (05 21) 9 11 01-11, Telefax: (05 21) 9 11 01-19
E-Mail: service@wbv.de, Internet: www.wbv.de

Umschlagkonzept: Grafikstudio HÜGEMO
Titelgrafik: Christiane Zay, Bielefeld

Alle Rechte vorbehalten. Kein Teil dieses Werkes darf ohne schriftliche Genehmigung des Herausgebers und des Verlages in irgendeiner Form reproduziert, in eine andere Sprache übersetzt, in eine maschinenlesbare Form überführt oder in körperlicher oder unkörperlicher Form vervielfältigt, bereitgestellt oder gespeichert werden. Die Wiedergabe von Warenbezeichnungen, Eigennamen oder sonstigen Bezeichnungen in diesem Werk berechtigt nicht zu der Annahme, dass diese frei verfügbar seien und von jedermann benutzt werden dürfen, auch wenn diese nicht eigens als solche gekennzeichnet sind.

ISBN 3-7639-3190-2 **Bestell-Nr. 60.01.502**
© 2004, W. Bertelsmann Verlag GmbH & Co. KG, Bielefeld

Inhalt

Seite

9 Vorwort

13 1 Retention und Unternehmenserfolg – Einführung und Executive Summary
13   1.1   Bleiben, Leisten und Loyalität
15   1.2   Wertschöpfungsbeitrag Retention
16   1.3   Umsetzung des Retentionmanagements

19 2 Retention durch Commitment
19   2.1   Commitment – eine Begriffsbestimmung
21   2.2   Einflussfaktoren
21   2.2.1 Menschen und Motive
23   2.2.2 Retentionfaktoren
24   2.2.3 Retentionorientierte Unternehmenskultur
26   2.3   Auswirkungen von Commitment
26   2.3.1 Auswirkungen für das Unternehmen
29   2.3.2 Auswirkungen für die Mitarbeiter
30   2.3.3 Zusammenfassung

33 3 Ansatzpunkte eines commitmentorientierten Retentionmanagements
33   3.1   Retentionmanagement – das Konzept
38   3.2   Strategisches Retentionmanagement
38   3.2.1 Retentionstrategie, Retentionorganisation und Retentionsysteme
40   3.2.2 Die Gestaltung von Unternehmenskultur im Sinne des strategischen Retentionmanagements
48   3.3   Schritte eines operativen Retentionmanagements
48   3.3.1 Identifikation erfolgskritischer Positionen
50   3.3.2 Analyse des Personalbestandes
51   3.3.3 Arbeitsmarktanalyse
52   3.3.4 Zielgruppenpräzisierung
53   3.3.5 Motivationsbarrieren erkennen

57	3.4	Handlungsfelder des Personalmanagements beim Retentionmanagement
58	3.4.1	Führung
62	3.4.2	Anreizsysteme
66	3.4.3	Personalauswahl
68	3.4.4	Personalentwicklung
71	3.4.5	Arbeitsgestaltung
74	3.5	Retentionmarketing
77	3.6	Ansatzpunkte für das Retentioncontrolling

81 4 Unternehmensbeispiele

81	4.1	Phoenix Contact, Blomberg
81	4.1.1	Das Unternehmen
83	4.1.2	Maßnahmen der Mitarbeiterbindung und deren Vernetztheit
90	4.1.3	Lessons Learned
92	4.2	Maschinenfabrik Reinhausen, Regensburg
92	4.2.1	Das Unternehmen
93	4.2.2	Maßnahmen der Mitarbeiterbindung und deren Vernetztheit
99	4.2.3	Lessons Learned
100	4.3	Sedus Stoll AG, Waldshut
100	4.3.1	Das Unternehmen
102	4.3.2	Maßnahmen der Mitarbeiterbindung und deren Vernetztheit
105	4.3.3	Arbeitsbedingungen
105	4.3.4	Lessons Learned

107 5 Retentionmanagement für die Zukunft – Schlussbetrachtungen

109 6 Anhang

109	6.1	Fragebogen zur Erfassung von retentionhinderlichen Motivationsbarrieren
114	6.2	Fragebogen zur Erfassung des Zusammenhangs von Unternehmenskultur und Commitment

114	6.2.1	Vorbemerkung
115	6.2.2	Fragebogenversion für Befragte
123	6.2.3	Auswertung des Fragebogens zur Unternehmenskultur und zum Commitment
139	6.3	Toolbox
142	6.4	Erfolgsfaktoren für die Einführung von Retentionmanagement – eine Checkliste

145 7 Literaturverzeichnis

151 8 Abbildungsverzeichnis

153 9 Autorenverzeichnis

Vorwort

Je wissensbasierter die Produkterstellung ist, desto entscheidender ist der Faktor Mensch in der betrieblichen Wertschöpfungskette. Menschen sind die Know-how-Träger, die letztlich auf allen Ebenen des Unternehmens Wert(e) schöpfen und die Überlebensfähigkeit der Unternehmen maßgeblich beeinflussen.

Die richtigen Mitarbeiter[1] dafür zu begeistern, im Unternehmen zu bleiben und loyal Leistung zu erbringen, ist eine ständig aktuelle Aufgabe von Personalmanagern.

So ist es verständlich, dass im Rahmen des Risikomanagements immer häufiger auch die Personalrisiken Beachtung finden.[2]

Die Bindung der erfolgsentscheidenden Mitarbeiter ist unabhängig von der konjunkturellen Situation eine der Schlüsselaufgaben zukunftsorientierter Unternehmen. Dieser Sachverhalt bekommt zusätzliches Gewicht, bezieht man demografische Tendenzen mit in die Überlegungen ein. Angesichts der auf alle Unternehmen zukommenden Effekte der Altersschere[3] lässt sich unabhängig von der konjunkturellen Lage ein Wettbewerb der Unternehmen um Potenzialträger und erfolgskritische Mitarbeiter prognostizieren. Der oft beschworene „war for talents" verändert insofern sein Gesicht und fordert als Kampf gegen den Mangel erfolgskritischer Fachkräfte alle Unternehmen auch zum Retentionwettstreit heraus.[4]

Dieser Wettstreit ist für Unternehmen nur dann zu gewinnen, wenn sie sich systematisch mit den Bedingungen des Bleibens, Leistens und der Loyalität, also der Retention erfolgskritischer Mitarbeiter, auseinandersetzen. Eine nähere Betrachtung der Unternehmensrealität zeigt allerdings, dass kaum ein Unternehmen über eine in der Art gesamtheitliche und verzahnte Lösung zur Bindung von Mitarbeitern verfügt.[5] Vielfach existieren Einzelmaßnahmen der Mitarbeiterbindung nebeneinander, mit denen einzelne „Bindungsbrände" kurzfristig gelöscht werden; ob diese Einzelmaß-

---

1 *Alle Funktions- und Personenbeschreibungen sind geschlechtsunabhängig zu verstehen. Aufgrund der besseren Lesbarkeit wird auf eine fortlaufende Differenzierung im Text verzichtet.*
2 *Vgl. z.B. Kobi (1999).*
3 *Vgl. Köchling (2001).*
4 *Vgl. Bertelsmann Stiftung (2002).*
5 *Vgl. Eichenhorst et al. (2002); Nagel (2001).*

nahmen zueinander passen, ob sie der Unternehmenskultur entsprechen, ob sie Synergien mit den Personalmanagementsystemen und -instrumenten des Unternehmens erzeugen, bleibt in der Regel außer Acht. In Kauf genommen wird dabei, dass unbedachte und partielle Einzelmaßnahmen die Personalkosten in die Höhe treiben, zu einer Ungleichbehandlung unterschiedlicher Belegschaftsgruppen mit negativen Auswirkungen auf die Stimmung im Unternehmen führen und ungewollte Retention fördern. So verlieren die existierenden Systeme zur Personalbindung an Wirkung und Bedeutung.

Diesen Befund hat die Deutsche Gesellschaft für Personalführung zum Anlass genommen, in einem Arbeitskreis Retention nach Grundlagen und Verfahrensweisen eines systematischen Retentionmanagements zu suchen.

Dem Arbeitskreis gehörten die folgenden Mitglieder[6] an:
- Dr. Sascha Armutat, DGFP e.V.
- Ralf Brümmer, Deutsche Bank AG
- Jürgen Busch, Gerresheimer Glas AG
- Anke Geyer, Rheinmetall AG
- Michael Hugo, Volkswagen AG
- Klaus Meiser, Gerling Zentrale Verwaltungs-GmbH
- Professorin Dr. Annette Nagel, Fachhochschule Münster
- André Schleiter, Bertelsmann Stiftung
- Professor Dr. Hansjörg Weitbrecht, Universität Heidelberg

Das Ergebnis der Expertenrunden ist der in dieser Veröffentlichung beschriebene Ansatz eines systematischen Retentionmanagements.

Der Ansatz geht von der Wertschöpfungsrelevanz der Bindung erfolgskritischer Mitarbeiter aus und setzt beim Mitarbeitercommitment als Voraussetzung für Mitarbeiterbindung an. Die These lautet, dass die Maßnahmen des Personalmanagements dann retentionförderlich sind, wenn sie sich an zielgruppenspezifischen Commitment- und Retentionfaktoren ausrichten und die unternehmenskulturellen Folgen beachten. Dabei sind Maßnahmen eines gruppenbezogenen von denen eines individuellen Retentionmanagements zu unterscheiden und in ihrer gegenseitigen Wechselwirkung angemessen zu betrachten.

Diese Überlegungen werden in den folgenden Kapiteln einer genauen Betrachtung unterzogen.
- Kapitel 1 bietet eine zusammenfassende Orientierung über das Retentionmanagement. Der Begriff Retention wird entwickelt, und es wird herausgearbeitet, warum und wie Mitarbeiterbindung sich auf die Zukunftsfähigkeit von Unternehmen auswirkt.
- In Kapitel 2 wird die Beziehung von Retention und Commitment beschrieben. Auf dieser Grundlage lassen sich die Einflussfaktoren und die Wirkungen auf ein commitmentorientiertes Retentionverständnis näher bestimmen.
- In Kapitel 3 werden die Grundlagen, die Vorgehensschritte und die Maßnahmen eines systematischen Retentionmanagements beschrieben.
- Kapitel 4 zeigt an Unternehmensbeispielen, wie Retentionmanagement in der Praxis betrieben wird.
- Kapitel 5 verdeutlicht abschließend und zusammenfassend absehbare Trends des Retentionmanagements.
- Im Anhang werden Instrumente vorgestellt, die den Praktiker bei der Umsetzung des Retentionmanagements unterstützen.

Alle Kapitel bündeln Erfahrungswissen aus der Praxis auf einer konzeptionellen Grundlage und haben den Anspruch, Personalmanagern in Unternehmen praktische Hilfestellung bei der Einführung und Umsetzung eines Retentionmanagements im Unternehmen zu geben.

Allen Beteiligten an dieser Veröffentlichung sei herzlich gedankt.

Dr. Hans Böhm, Geschäftsführer DGFP e.V.

---

6 Wir danken auch Nabila Jäger für wichtige Beiträge aus ihrer Diplomarbeit, die sie am Institut für Soziologie der Universität Heidelberg verfasst hat – siehe Jäger (2003) –, und Stephan Penning, Kienbaum Management Consultants GmbH, Gummersbach, für seine fachlichen Hinweise zu Motiven der High Potentials.

1 Retention und Unternehmenserfolg – Einführung und Executive Summary

1.1 Bleiben, Leisten und Loyalität

Retention ist aus Unternehmensperspektive das Ergebnis von Managementaktivitäten, die Mitarbeiter dazu veranlasst, im Unternehmen zu bleiben, Leistung zu erbringen und sich loyal gegenüber der Organisation zu zeigen. Diese Bindung wird durch Retentionaktivitäten des Unternehmens erreicht. Sie beruht auf einer besonderen Einstellung der Mitarbeiter zum Unternehmen und ist vor allem eine psychische Größe: Eine Beeinflussung der Mitarbeiterbindung im Unternehmen ist immer verbunden mit einem Abgleich von Einstellungen und Werten der Mitarbeiter mit denen des Unternehmens. Dadurch wird das Thema Retention komplex: Retentionprogramme müssen die vielfältigen Einflussfaktoren und Strukturen des Unternehmens beachten und die Art und Weise, wie Mitarbeiter diese Einflussfaktoren wahrnehmen und verarbeiten, einbeziehen. Dabei ist zu beachten, dass nicht mehr nur von einer lebenslangen Bindung der Mitarbeiter ausgegangen werden kann.

Um diese Komplexität bewältigen zu können, ist es notwendig, sich auf der Grundlage eines einfachen Wirkungszusammenhangs die Grundmechanismen zu verdeutlichen, die die emotionale Einstellung eines Mitarbeiters prägen. Hilfestellung dafür liefert die Organisationspsychologie mit ihren Überlegungen zum „Commitment". Darunter ist die Identifikation einer Person mit dem Unternehmen, seiner Kultur und seinen Führungskräften zu verstehen. Diese Identifikation beruht auf der Übereinstimmung der Werte des Unternehmens mit denen des Mitarbeiters, durch die ein „psychologischer Vertrag" zwischen Mitarbeiter und Unternehmen entsteht:[7]

Dieser unausgesprochene Anhang zum formalen Arbeitsvertrag umfasst die gegenseitigen Erwartungen von Mitarbeiter und Unternehmen:
- Der Mitarbeiter erwartet Wertschätzung und Transparenz der Arbeitgeberhandlungen und zeigt dafür Arbeitsleistung und Loyalität.

---

7 Vgl. *Karst et al.* (2000), S. 1 ff. Vgl. zum psychologischen Vertrag im Folgenden *Krenz-Maes* (1998), S. 50.

- Das Unternehmen erwartet das Bleiben, die Leistung und die Loyalität der Mitarbeiter und gestaltet dafür die Arbeitsbedingungen sowie die kulturellen Rahmenbedingungen.

Wenn Retention auf Einstellungsvoraussetzungen beruht und diese maßgeblich durch die Unternehmenskultur prägende Austauschbeziehung von Mitarbeiter und Unternehmen beeinflusst werden, dann ergibt sich der folgende Zusammenhang für das Verständnis von Retention, der Grundlage für die weiteren Überlegungen ist:

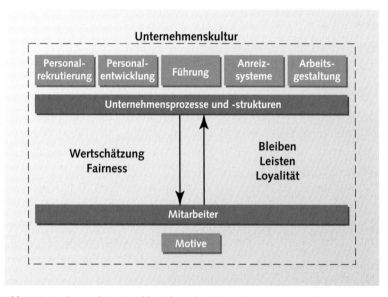

Abb. 1: Retention und Austauschbeziehung im Unternehmen

Auf diese Zusammenhänge wird im nächsten Kapitel detaillierter eingegangen. Vorerst ist zusammenfassend festzustellen:
- Commitment ist die Einstellung des Mitarbeiters zum Unternehmen, die sich in Bleiben, Leisten und Loyalität zeigt.
- Diese Einstellung lässt sich im Sinne einer Identifikation qua Selbstverpflichtung über einen psychologischen Vertrag abbilden.
- Dieser psychologische Vertrag setzt eine Austauschbeziehung zwischen Unternehmen und Mitarbeiter auf Zeit, nicht zwingend auf Lebens-

zeit, voraus, die auf Gegenseitigkeit beruht. Der Charakter der Austauschbeziehung wird einerseits durch Veränderungen der Werthaltungen und Lebenskonzepte der Mitarbeiter, andererseits durch Veränderungen des Unternehmens z.B. in seiner Kultur, seinen Personalmanagementprogrammen und seiner Führung beeinflusst.

1.2 Wertschöpfungsbeitrag Retention

Die Bindung der erfolgskritischen Mitarbeiter beeinflusst maßgeblich den Erfolg eines Unternehmens.[8] Ein retentionorientiertes Personalmanagement trägt damit zur Wertschöpfung des Unternehmens bei.

Ziel eines Unternehmens ist es, über die Platzierung seines Produktes oder seiner Dienstleistung am Markt einen Unternehmenserfolg zu generieren. Verfolgt man zurück, was den Unternehmenserfolg bedingt, dann lässt sich – abseits der externen Einflussfaktoren wie z.B. der wirtschaftlichen Entwicklung, der Arbeitsmarktentwicklung, der gesellschaftlichen Wertvorstellungen oder der politisch-rechtlichen Bedingungen[9] – eine unternehmensinterne retentionbezogene Wirkungskette bilden. Diese hat ihren Anfang in den Unternehmenszielen und den grundsätzlichen strategischen Überlegungen und orientiert sich am *Commitment der strategisch wichtigen Mitarbeiter.* So kann ein Mitarbeiterverhalten angeregt werden, das wiederum Voraussetzung für die Erstellung innovativer, Unternehmenserfolg garantierender Produkte ist. Das setzt eine Unternehmenskultur voraus, die durch eine retentionförderliche Austauschbeziehung zwischen Mitarbeitern und Unternehmen geprägt ist.

Im Unternehmen muss Klarheit darüber bestehen, welche strategisch wichtigen Werte dem Handeln in der Organisation zugrunde liegen. Diese Werte prägen das Unternehmen auf der ökonomischen Seite, zum Beispiel in der Produktgestaltung oder der Vertriebsstrategie, auf der organisatorischen Seite, wie in den Systemen des Personalmanagements, und auf der Verhaltensseite, zum Beispiel in puncto Führungskräfte oder Arbeitsgestaltung.

Eine erste Grundvoraussetzung für Commitment ist daher die Stimmigkeit des individuellen Wertekanons mit den Werten der gewollten und

---

8 *Vgl. dazu Boudreau et al. (2000).*
9 *Vgl. Wagner (1991).*

der gelebten Unternehmenskultur. Die Mitarbeiter erwarten entsprechend Verfahrensfairness und -transparenz. Von Unternehmensseite wird Leistung, Loyalität und die Bereitschaft zu bleiben von den Mitarbeitern gefordert.

Um durch Retentionmanagement zur Wertschöpfung beizutragen, müssen bei den grundsätzlichen strategischen Überlegungen im Unternehmen die benötigten strategisch relevanten Mitarbeiter im Mittelpunkt stehen und die Unternehmensprozesse und -strukturen berücksichtigt werden.

Nur so lässt sich eine commitmentförderliche Kultur im Unternehmen und damit ein am Unternehmenserfolg ausgerichteter strategischer Bindungsprozess für die strategisch relevanten Mitarbeiter erreichen.

Die nachfolgende Abbildung fasst die in den weiteren Kapiteln erläuterten Zusammenhänge zusammen:

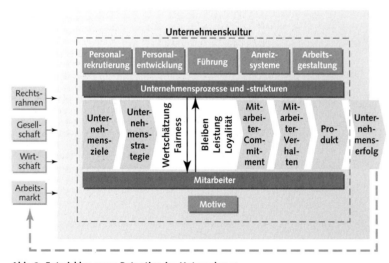

Abb. 2: Entwicklung von Retention im Unternehmen

1.3 Umsetzung des Retentionmanagements

Die Unternehmensstrategie ist der Ausgangspunkt der Umsetzung von Retentionmanagement, weil strategische Unternehmensziele nur mit gebundenem, qualifiziertem und leistungsbereitem Personal erreichbar sind.

Strategisches Retentionmanagement bezieht sich auf die strategische Ausrichtung der Personal- und Führungssysteme. Die Handlungsfelder sind vor allem:

- Führung
- Anreizsysteme
- Personalauswahl und -entwicklung
- Arbeitsgestaltung

In diesen Feldern ist die Beachtung der Retentionfaktoren Wertschätzung und Fairness bei Gestaltung und Implementierung entscheidend für die Effektivität. Die Wahrnehmung dieser Retentionfaktoren durch die Mitarbeiter lässt Maßnahmen retentionwirksam werden. Deshalb ist Unternehmenskommunikation und die explizite Gestaltung der Unternehmenskultur auf der Grundlage von Wertschätzung und Fairness eine Voraussetzung für strategisches Retentionmanagement. Dadurch werden die Werte, die dem Handeln des Unternehmens zu Grunde liegen, transparent, und es wird den Mitarbeitern möglich, diese Werte mit ihren eigenen abzugleichen. Denn Bindung und Engagement entstehen bei Stimmigkeit von Unternehmens- und individuellen Werten.

Operatives Retentionmanagement hat das Ziel der Implementierung wirksamer Maßnahmen zur Bindung von strategisch wichtigen Mitarbeitergruppen. Durch die Analyse strategisch wichtiger Funktionen, des Personalbestandes und des Arbeitsmarktes erfolgt die Festlegung der Zielgruppen. Um die konkrete Gestaltung der Handlungsfelder abgestimmt auf die Retentionzielgruppen vornehmen zu können, empfiehlt es sich, deren Motivation bzw. deren Motivationsbarrieren zu betrachten. Da das Erleben von Wertschätzung und Fairness zu Commitment führt, kommt den Führungskräften in Kommunikation und Verhalten eine zentrale Rolle zu.

Retentionmanagement erfordert also eine strategische, auf langfristige Wirkung angelegte Unternehmenspolitik, bei der die Stimmigkeit von Kommunikation und erlebbarer Verwirklichung von Werthaltungen ausschlaggebend ist.

2 Retention durch Commitment

2.1 Commitment – eine Begriffsbestimmung

Das Bleiben, Leisten und die Loyalität der Mitarbeiter, so viel haben die bisherigen Überlegungen gezeigt, hängt von deren Commitment zum Unternehmen ab. Darum ist in einem ersten Schritt zu klären, was unter Commitment zu verstehen ist und welche Komponenten es besitzt.

Der aus dem Englischen stammende Begriff Commitment kann – je nach Sinnzusammenhang – mit Verpflichtung, Verbindlichkeit, Bindung, Hingabe, Einsatz oder Engagement ins Deutsche übersetzt werden.[10] Diese Fülle von Übersetzungsmöglichkeiten weist bereits darauf hin, wie vieldeutig der Begriff in der Literatur gebraucht wird. Reduziert auf den kleinsten gemeinsamen Nenner kann man Commitment am ehesten als Bindung oder als psychologischen Vertrag[11] zwischen einem Individuum und einem Bezugsobjekt bezeichnen.

So verstanden, lassen sich unterschiedliche Bezugspunkte des Commitments unterscheiden.

Innerhalb des soziokulturellen Kontextes können es die Belange und das Wohlergehen der Gesellschaft sein, in der sich das Individuum bewegt. Commitment kann sich im unmittelbaren sozialen Umfeld des Individuums auf den Lebenspartner, die Freunde oder auch religiöse Gemeinschaften beziehen. Im Arbeitsumfeld kann sich ein Individuum an eine Organisation, also beispielsweise das Unternehmen, für das es arbeitet, gebunden fühlen.[12] Innerhalb dieser Organisation gibt es weitere Bezugspunkte neben der Organisation als Ganzes, wie das Top-Management, die einzelnen Organisationseinheiten, der Manager einer Organisationseinheit, die Arbeitsgruppe oder auch deren Leiter.[13]

Innerhalb der Arbeitswelt des Individuums kann sich ein „commitment to employment" entwickeln, das eine Bindung an die Arbeit im Allgemeinen darstellt. Ebenso möglich ist ein „career commitment", bei dem sich das In-

---
10 Vgl. Deutsch-Englisches Wörterbuch unter www.leo.org.
11 Vgl. Moser (1996), S. VIII.
12 Vgl. Gauger (2000), S. 66 f.
13 Vgl. Gauger (2000), S. 66.

dividuum seiner zu verwirklichenden Karriere mehr verbunden fühlt als seinem gegenwärtigen Beruf oder der Organisation, der er momentan angehört. Letzteres Commitment-Konzept gleicht dem „professional commitment", bei dem der psychologische Vertrag zwischen dem Einzelnen und seiner Profession enger geknüpft ist als das Band zu seiner derzeitigen Tätigkeit oder zu seiner Organisation.[14] In der weiteren Auseinandersetzung mit dem im Folgenden noch näher zu beschreibenden Konzept Commitment liegt der Schwerpunkt auf dem organisationalen Commitment, also der „mehr oder minder starke(n) Bindung der Person als Mitarbeiter an die Organisation"[15].

Hier sollen drei Komponenten von Commitment unterschieden werden: das affektive, das normative und das kalkulative Commitment.[16]

Die *affektive Commitment-Komponente* kann als eine subjektiv empfundene, positive innere Zuwendung zu einer Organisation auf emotionaler Basis bezeichnet werden. Es beinhaltet das Involvement, also die Auseinandersetzung mit einem Objekt und die Einbindung in dessen Kontext, in die Belange der Organisation als Zustand geistiger und emotionaler Auseinandersetzung mit den Zielen, Werten und Normen der Organisation. Involvement verläuft parallel zu einer starken strukturellen Einbindung eines Individuums in die Organisation. In den meisten Fällen führt Involvement zu einer weiteren zentralen Merkmalsdimension des affektiven Commitments, der Identifikation mit eben den Normen, Werten und Zielen der Organisation.[17]

Die *normative Commitment-Komponente* beruht auf der moralischen Verpflichtung, die das Individuum der Organisation gegenüber empfindet. Diese Dimension des organisationalen Commitments kann zum einen aus der wahrgenommenen Verpflichtung des Einzelnen der Organisation gegenüber erklärt werden, etwa aufgrund einer durch die Organisation erbrachten Vorleistung. Die normative Verpflichtung, die das normative Commitment prägt, entsteht aus der Berücksichtigung sozialer, kulturabhängiger Normen der Gesellschaft wie Pflichtbewusstsein und die Achtung vor Institutionen im Allgemeinen und der Berücksichtigung organisationsspezifischer Normen wie Hilfsbereitschaft bei Teamarbeit.[18]

Die *kalkulative Commitment-Komponente* bezieht sich auf eine aufgestellte Kosten-Nutzen-Berechnung des Einzelnen. Das Individuum berechnet die Kosten, die ihm beim Verlassen der Organisation entstehen würden, zum Beispiel basierend auf der bereits in dieser Organisation verbrachten Zeit oder auf besuchte Weiterbildungen, die sich speziell auf den derzeitigen Arbeitsplatz beziehungsweise Arbeitgeber beziehen. Bei der Einschätzung des Nutzens fließen unter anderem die in Zukunft zu erwartenden Anreize, wie eine Beförderung oder eine Erhöhung des Einkommens, in die Rechnung mit ein. So kommt es zu einer Abwägung der getätigten Investitionen und dem zukünftig zu erwartenden Nutzen der Organisationsmitgliedschaft in Relation zu verfügbaren Alternativen.[19]

Jede Commitment-Komponente beeinflusst auf spezifische Weise das Retentionverhalten. Für Unternehmen ist in erster Linie das affektive Commitment interessant, weil damit ein hohes Maß an Bindung, Leistungsbereitschaft und Loyalität erreicht werden kann. Es ist jedoch immer in Abhängigkeit von den jeweiligen Mitarbeiter(gruppen) zu betrachten.

2.2 Einflussfaktoren

2.2.1 Menschen und Motive

Manche Mitarbeiter lassen sich eher affektiv an ein Unternehmen binden als andere. Das ist leicht erklärbar: Motive regeln, wie Menschen die Gegebenheiten ihrer Umwelt wahrnehmen und wie sie darauf reagieren. Wird die Persönlichkeit eines Menschen durch das Anstreben materieller und wettbewerbsbezogener Befriedigung geprägt, dann ist affektives Commitment schwieriger zu erreichen. Es kommt also darauf an, beim systematischen Retentionmanagement die richtigen Aktivitäten zu entfalten, die zielgruppenspezifisch die richtigen Motive ansprechen. Für eine erste Orientierung lassen sich die folgenden commitmentrelevanten Motivfaktoren unterscheiden:

- *Persönlichkeitsentfaltung*: Ich lege Wert darauf, mich und meine Fähigkeiten sinnvoll einbringen zu können und dadurch meine Persönlichkeit zu entwickeln.

---

14 Vgl. Fischer (1998), S. 80 f.
15 Fischer (1998), S. 81.
16 Gauger nennt Letzteres die kalkulierte Commitment-Komponente. Meyer et al. und Gauger sprechen hier betont von Komponenten und nicht von verschiedenen Formen von Commitment, da das Verhältnis eines Mitarbeiters zur Organisation von allen drei Aspekten in unterschiedlichen Ausprägungen bestimmt sein kann. Vgl. Gauger (2000), Meyer et al. (1997).
17 Vgl. Meyer (1997), S. 11.
18 Vgl. Meyer (1997), S. 11.
19 Vgl. Meyer (1997), S. 11.

- *Einfluss:* Ich möchte Ziele, Strukturen, Ressourcen und Personen im Unternehmen nach meinen Vorstellungen beeinflussen und an entsprechenden Entscheidungen mitwirken.
- *Status:* Ich strebe nach Ansehen in Beruf/in der Gesellschaft (anerkannte Position/nach außen sichtbare Symbole).
- *Materielle Sicherheit:* Ich werde für das, was ich leiste, angemessen materiell entlohnt und kann meinen Lebensstandard sicherstellen.
- *Soziale Einbindung:* Ich fühle mich im Kreis meiner Kollegen und Vorgesetzten wohl. Ich helfe gerne und freue mich, wenn ich um Rat gefragt werde.
- *Konstanz:* Ich benötige Rollenklarheit und orientiere mich an verlässlichen, planbaren Strukturen.
- *Veränderung:* Ich interessiere mich für neue Themen und suche Veränderungen.
- *Orientierung/Sinn/innere „Mission":* Mir ist es wichtig, einen übergeordneten Sinnzusammenhang für meine Tätigkeit zu haben. Ich handle dann besonders engagiert, wenn ich Sinn in dem sehe, was ich tue.
- *Wettbewerb:* Ich möchte mich mit anderen messen und unter Beweis stellen, dass ich zu den Besten gehöre.
- *Balance:* Mein außerberufliches Leben ist mir wichtig und muss mit der Arbeit in Einklang zu bringen sein. Ich strebe ein ausbalanciertes Leben an.

Daneben ist es sinnvoll, sich Gedanken um diejenigen Aspekte zu machen, die Menschen demotivieren und deren Arbeitsleistung beeinträchtigen. Derartige Motivationsbarrieren beziehen sich auf die Arbeitsinhalte und die zwischenmenschlichen Verhältnisse und sind insbesondere

- der nicht herausfordernde oder zu unbestimmte, monotone Arbeitsinhalt, insbesondere im Zusammenhang mit ungenügenden Ressourcen, problematischer Arbeitskoordination und unklaren Verantwortungsverhältnissen
- Störungen im Verhältnis zu Kollegen, Vorgesetzten und dem höheren Management
- eine unklare Entwicklungsrichtung des Unternehmens, die sich insbesondere in einer intransparenten Unternehmenspolitik zeigt und in Zusammenhang mit der Identifikation steht

- fehlende Anerkennung, unangemessene Honorierung und unklare persönliche Entwicklungsperspektiven sowie ausbleibende Balance zwischen beruflichem und privatem Leben.

Die Aufzählung der relevanten Motive und Demotivationsfaktoren erhebt keinen Anspruch auf Vollständigkeit, sondern soll für deren Beachtung sensibilisieren.

2.2.2 Retentionfaktoren

Retentionfaktoren sind bindungsfördernde Anforderungen an Maßnahmen und deren Umsetzung. Sie sind „Produktqualitäten" der Maßnahmen, die mit der Maßnahmenanwendung gelebt und bewusst von den Mitarbeitern *wahrgenommen* werden.

Betrachtet man die einschlägige Forschung zu der Frage, welche dieser Produktqualitäten besonders relevant für das Bleiben, Leisten und die Loyalität von Mitarbeitern sind, dann stößt man auf zwei grundlegende Dimensionen, die eine retentionförderliche Austauschbeziehung im Unternehmen charakterisieren müssen.[20]

Fairness als wahrgenommener Retentionfaktor impliziert die Wahrnehmung der Berechenbarkeit, Transparenz und der Gerechtigkeit von Maßnahmen.

Wertschätzung als wahrgenommener Retentionfaktor impliziert die Wahrnehmung der positiven Absicht zur personenbezogenen Anerkennung und Berücksichtigung der individuellen Interessen, die den Maßnahmen zugrunde liegt.

Diese Retentionfaktoren sind relevant für die Konstruktion und Ausführung aller Personalmanagementmaßnahmen.

Damit sie wahrgenommen werden, müssen sie zudem durch Unternehmenskultur, interne Kommunikation und Führungsverhalten transportiert werden. Das ist vor folgendem Hintergrund wichtig:

Commitment entsteht bei der Übereinstimmung von individuellen und organisatorischen Werten, wenn die Organisation auf dieser Ebene den Erwartungen des Individuums entspricht. Die Forschung zeigt, dass nicht

---

20 *Vgl. Gauger (2000), S. 104.*

allein die Existenz oder nicht einmal die Nutzung einer bestimmten Personalmaßnahme zu dieser Einstellung führt, sondern deren tatsächliche Wahrnehmung.

Damit wird deutlich, dass Kommunikation über die Unternehmenskultur und über die in einzelnen Personalmanagementprogrammen verwirklichten Werte und Ziele große Bedeutung erhält. Bei so viel Kommunikation und Transparenz wird die Stimmigkeit von Kommunikation und Handeln im Personalmanagement und in der Führung ebenfalls strengeren Maßstäben genügen müssen, sonst leidet die Glaubwürdigkeit des Managements insgesamt.

2.2.3 Retentionorientierte Unternehmenskultur

2.2.3.1 Die Bedeutung der Unternehmenskultur

Die Beschäftigung mit der Unternehmenskultur ist in den vergangenen Jahren sehr populär geworden und wurde zum universellen Problemlöser. Nüchtern betrachtet hilft die Beschäftigung mit Fragen der Unternehmenskultur jedoch dabei, Zusammenhänge von Strategie, Personalmanagement und Personal zu erfassen und in Grenzen zu steuern.[21] Organisationskultur ist das System gemeinsam geteilter Werte, Normen, Einstellungen, Überzeugungen und Ideale der Organisationsmitglieder.

Unternehmenskultur, Unternehmensstruktur und Strategie des Unternehmens müssen übereinstimmen. Ändert sich beispielsweise die Strategie von einer innovationsorientierten zu einer vertriebsorientierten Ausrichtung, so werden andere Werte wichtig. Auch mit der Entwicklung eines Unternehmens verändert sich die Unternehmenskultur. Ein personenorientiertes Pionierunternehmen stellt andere Anforderungen an die Unternehmenskultur als ein strukturiertes mittleres Unternehmen.

Unternehmenskultur ist immer im Unternehmen vorhanden, auch wenn sie nur selten reflektiert wird. Sie entsteht aufgrund historischer Lernprozesse sowie erfolgreicher Problemlösungen in der Vergangenheit und bestimmt den Sinn des gemeinsamen Handelns in der Gegenwart. Im Rahmen eines Retentionmanagements muss Unternehmenskultur jedoch reflektiert werden, um im Sinne eines strategischen Retentionmanagements ihren Einfluss zu erfassen, zu berücksichtigen und sie konstruktiv zu beeinflussen.

2.2.3.2 Dimensionen der Unternehmenskultur und das Kulturmodell Scheins

Für einen Fremden wird Unternehmenskultur zuerst an äußeren *Symbolen und Artefakten* sichtbar, wie an Logos, Kleidung und Umgangsformen oder Ritualen. Diese bedürfen jedoch der Interpretation und werden nur dadurch verständlich, wenn die zugrunde liegenden Normen, Werte und Basisannahmen bekannt sind.

Normen und Werte sind zum Teil bewusst und spiegeln sich in Maximen und (ungeschriebenen) Verhaltensregeln wider, wie zum Beispiel im Umgang miteinander. Manche davon sind in Unternehmensleitlinien niedergeschrieben.

Basisannahmen betreffen Grundannahmen über den Menschen, seine Umwelt und das Wesen seiner sozialen Beziehungen. Sie sind meist nicht direkt wahrnehmbar und unbewusst.

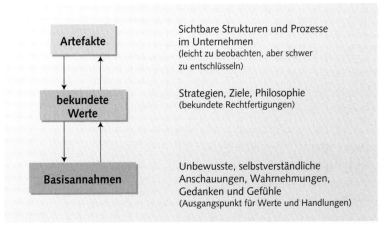

Abb. 3: Ebenen der Kultur[22]

In einer größeren, differenzierten Organisation kann die Unternehmenskultur jedoch in einzelnen Bereichen unterschiedlich ausgeprägt sein. Es gibt Subkulturen, die sich in Teilen widersprechen können und damit unterschiedliche Menschen ansprechen. Auch in verschiedenen Ebenen der Organisation gibt es sicher unterschiedliche Ausprägungen trotz übergreifender

21 Vgl. z.B. Peters et al. (1982).
22 Vgl. Schein (1995).

Orientierungsmuster. Daraus können Konflikte entstehen, aber auch eine große Gemeinsamkeit.

2.2.3.3 Unternehmenskultur und Commitment

Eine wichtige Aufgabe von Führung ist die „Einführung" neuer Mitarbeiter in die jeweilige Unternehmenskultur (Sozialisation), jedoch auch die Gestaltung der Unternehmenskultur im Sinne der Unternehmensstrategie.

Eine zentrale Erkenntnis der Commitmentforschung ist, dass Commitment entsteht, wenn eine starke Identifikation des Mitarbeiters mit den Zielen und Werten der Organisation besteht. Anders ausgedrückt, es ist eine hohe Übereinstimmung der Ziele und Werte des Individuums und der Ziele und Werte der Organisation vorhanden.

Es ist also von hoher Bedeutung zu wissen, wie die Unternehmenskultur in Bezug auf die Retentionfaktoren zu sehen ist, wie sie gegebenenfalls gestaltet werden kann und wie die Mitarbeiter sie erkennen können.

2.2.3.4 Unternehmenskultur und ihr Einfluss auf Handlungsfelder des Personalmanagements

Unternehmenskultur, Personalmanagement und Führungsprozesse beeinflussen sich wechselseitig. Die Stimmigkeit von Wertdarstellung und Handeln im konkreten Personalmanagement-Programm sowie in der Führung ist eine ganz wesentliche Voraussetzung für die Glaubwürdigkeit einer Retentionpolitik. Personalpolitik und Führung erreichen eine einheitliche Ausrichtung nur durch die Orientierung an den Unternehmenszielen und -leitlinien sowie an der Unternehmenskultur.

Damit ist eine aufeinander abgestimmte Gestaltung der verschiedenen Handlungsfelder des Personalmanagements für das Retentionmanagement unbedingt notwendig.

2.3 Auswirkungen von Commitment

2.3.1 Auswirkungen für das Unternehmen

Commitment beschreibt, wie an anderer Stelle ausgeführt, die Einstellung eines Mitarbeiters zum Unternehmen, die die Basis für sein Bleiben, seine Leistung und seine Loyalität ist. Das zeigt die aktuelle Forschung zu den

Auswirkungen von Commitment auf das Mitarbeiterverhalten. Relevant für das Unternehmen sind dabei insbesondere die sinkende Fluktuation, die Reduktion der Fehlzeiten, die Steigerung der Mitarbeiterleistung sowie die Förderung des innovativen Verhaltens:

- *Fluktuation*

    Gemeinsam ist den affektiven, normativen und kalkulativen Commitment-Komponenten, dass sie das Individuum an die Organisation binden. Das bedeutet, je höher die Ausprägung dieser drei Commitment-Komponenten, desto geringer ist die Intention des Individuums, die Organisation zu verlassen. Eine niedrige Fluktuationsrate strategisch wichtiger Mitarbeiter ist für jede Organisation von Vorteil, da so der Aufwand für die Rekrutierung neuer Mitarbeiter und deren Ausbildung beziehungsweise Einarbeitung gering gehalten werden kann. Das lange oder sogar lebenslange Verweilen der Mitarbeiter in einem Unternehmen sollte und darf jedoch nicht das oberste Ziel des Commitment-Managements einer Organisation sein, denn nicht immer ist das Halten von Mitarbeitern von Vorteil. „Zu den positiven organisatorischen Konsequenzen von Fluktuation zählt traditionellerweise die Freisetzung wenig leistungsfähiger Mitarbeiter. Eine weitere positive organisatorische Konsequenz besteht in der Verbesserung von Innovationsbereitschaft, Flexibilität und Anpassungsfähigkeit."[23]

- *Fehlzeiten*

    Ein negativer Zusammenhang besteht zwischen dem Ausmaß affektiven Commitments und der Anzahl an Krankheitstagen. Je mehr sich ein Mitarbeiter emotional mit seinem Unternehmen verbunden fühlt, desto weniger tendiert er zu freiwilligen Fehlzeiten. Es konnte nachgewiesen werden, dass eine starke Involvierung und Identifikation mit der Organisation freiwilligem Absentismus widerspricht. Empirische Studien zeigen keinen signifikanten Zusammenhang zwischen den freiwilligen Fehlzeiten und dem fortsetzungsbezogenen Commitment. Untersuchungen zum normativen Commitment liegen nicht vor, theoretische Überlegungen legen aber nahe, dass „freiwilliges Fernbleiben [...] kaum geeignet (ist), einer normativen Verpflichtung nachzukommen, sich im Sinne der Organisation zu verhalten"[24].

---

23 Moser (1996), S. 85.
24 Gauger (2000), S. 133.

■ *Leistung*

Wenden wir uns nun den Auswirkungen der Commitment-Komponenten auf die Leistung des Individuums zu. Die „in-role-performance", also die Leistung innerhalb der dienstlichen Erwartungen, erwies sich in empirischen Studien bei den Arbeitnehmern mit stark ausgeprägtem affektivem Commitment als besser als bei denen mit niedrig ausgeprägtem. Diese Auswirkung des affektiven Commitments auf die zuverlässige und beständige Erfüllung der rollenspezifischen Aufgaben zeigt sich besonders an Arbeitsvorgängen, bei denen der Mitarbeiter meint, dass diese der Organisation sehr nützlich seien. Es ist an dieser Stelle jedoch darauf hinzuweisen, dass das affektive Commitment lediglich die Motivation und das Engagement des Mitarbeiters fördert, es hat jedoch keine Einwirkung auf dessen Fähigkeiten.

Die wenigen Studien zum normativen Commitment zeigen einen ähnlichen, jedoch schwächeren Zusammenhang als beim affektiven Commitment auf.

Einen signifikanten Zusammenhang zwischen der Leistung von Mitarbeitern und der Ausprägung ihres fortsetzungsbezogenen Commitments konnte nicht festgestellt werden.

Betrachtet man das „Extra-Role-Verhalten" von Mitarbeitern im Zusammenhang mit den drei Commitment-Komponenten, ist es wiederum das affektive Commitment, das für das Management besonders wünschenswert ist und folglich durch ein Commitment-Management am stärksten gefördert werden sollte. Doch zuerst soll die Konzeptualisierung des „Extra-Role-Verhaltens", auch staatsbürgerliches Verhalten oder prosoziales Organisationsverhalten genannt, näher erläutert werden.

Allgemein gesprochen steht der Begriff für Verhalten, das über die konkreten Rollenanforderungen hinausgeht und somit ein erweitertes individuelles Aufgaben- und Rollenverständnis repräsentiert. Staatsbürgerliches Verhalten nach Organ/Smith et al. zum Beispiel unterteilt sich in die Dimensionen Altruismus (verbunden mit der „Hilfe gegenüber Kollegen und Vorgesetzten [...] [und der] freiwilligen Übernahme von Aufgaben"[25]) sowie Gewissenhaftigkeit (die „Pünktlichkeit, [die] Arbeitszeit nicht durch lange Pausen und Abwesenheit [zu] verkürzen und keine ausführlichen privaten Unterhaltungen oder Telefonate während der Dienstzeit [zu] führen"[26] beinhaltet). Hierbei wird sich vorwiegend auf den Altruismus beschränkt, da Gewissenhaftigkeit kein „Extra-Role-Verhalten" darstellt, sondern als Teilaspekt des einzuhaltenden Arbeitsvertrages zu verstehen ist. Weitere Definitionen von prosozialem Organisationsverhalten beinhalten „den Schutz der Organisation (z.b. gegen Vandalismus), [...] sich selbst weiter (zu) entwickeln durch Erweiterung der Kenntnisse, die ein erfolgreiches, verantwortliches Verhalten während der Arbeit fördern, (und) gut über die Firma (zu) reden"[27].

Wie bereits weiter oben angeführt, korreliert affektives Commitment besonders stark mit altruistischen Verhaltensweisen am Arbeitsplatz. Der Zusammenhang ist ähnlich, nur schwächer ausgeprägt für die normative Commitment-Komponente. Interessant ist, dass Mitarbeiter mit stark ausgeprägtem affektiven und normativen Commitment ihren Arbeitsbereich weiter fassen als Arbeitnehmer mit schwächer ausgeprägtem affektiven und normativen Commitment und „Extra-Role-Verhalten" oft als „In-Role-Verhalten" verstehen.

Untersuchungen zum kalkulativen Commitment ergaben unterschiedliche Ergebnisse, der Tenor weist jedoch darauf hin, dass kein Zusammenhang zwischen dieser Commitment-Komponente und dem „Extra-Role-Verhalten" existiert.

■ *Innovatives Verhalten*
Eine weitere Auswirkung von Commitment zeigt sich in der Art und Weise, wie auf Unzufriedenheit am Arbeitsplatz reagiert wird.

Untersuchungen haben gezeigt, dass durch Förderung des affektiven Commitments positive Reaktionen, wie Verbesserungsvorschläge zu unterbreiten oder eine Situation erst einmal zu akzeptieren, wahrscheinlicher werden. Kalkulatives Commitment hingegen führt eher dazu, dass eine Situation ignoriert statt durch konstruktive Vorschläge verbessert wird.[28] Über die Auswirkung von normativem Commitment liegen keine Informationen vor.

2.3.2 Auswirkungen für die Mitarbeiter
Forschungsergebnisse zeigen, dass auch die Mitarbeiter in gesundheitlicher und sozialer Hinsicht vom Commitment profitieren:

25 *Bierhoff et al. (1999), S. 58.*
26 *Bierhoff et al. (1999), S. 58.*
27 *Bierhoff et al. (1999), S. 61.*
28 *Vgl. Meyer et al. (1997), S. 35.*

■ *Gesundheit*

Empirische Untersuchungen konnten darlegen, dass die emotionale, positive Bindung an ein Unternehmen den psychologischen, physisch empfundenen arbeitsplatzbezogenen Stress vermindern kann, „if for no other reason than that it ‚feels better' to work in an environment about which one feels positively"[29]. Dies wiederum führt zu weniger Krankheitstagen und stellt somit indirekt auch eine (positive) Konsequenz für das Unternehmen dar.

Dieselbe positive Auswirkung resultiert aus normativem Commitment. Für das fortsetzungsbezogene Commitment konnte dieser Zusammenhang nicht festgestellt werden.

■ *Work-Life-Balance*

Mitarbeiter mit einem stark ausgeprägten kalkulativen Commitment tendieren signifikant eher dazu, ihre Arbeit als Störfaktor für ihre Freizeit zu betrachten. („Employees with strong continuance commitment to the organization were significantly more likely to believe that work interfered with their nonwork experiences."[30]) Dies führt zu höheren freiwilligen Fehlzeiten, mit entsprechend negativen Auswirkungen für das Unternehmen. Für den Mitarbeiter lässt sich daraus schließen, dass er mit seiner Arbeit unzufrieden ist, was wiederum einen zusätzlichen Stressfaktor für ihn darstellt.

2.3.3 Zusammenfassung

Es kann festgehalten werden, dass Mitarbeiter mit einem stark ausgeprägten affektiven Commitment für das Unternehmen besonders wichtig sind. Sie weisen zum einen tendenziell bessere „In-Role-performance" (vgl. Abb. 4) auf, also stärkere Leistung und Engagement innerhalb ihrer vorgegebenen Tätigkeiten, zum anderen erklären sie sich eher bereit, freiwillig zusätzliche Arbeiten auf sich zu nehmen, und verhalten sich auch aufmerksamer und hilfsbereiter gegenüber Vorgesetzten und Kollegen in der Organisation („Extra-Role-Verhalten"). Für das persönliche Wohlbefinden ist eine starke Ausprägung des affektiven Commitments ebenfalls von Vorteil.

Ähnliche, jedoch schwächere Auswirkungen wurden für die normative Commitment-Komponente gezeigt. Stark ausgeprägtes kalkulatives Commitment wurde mit negativen Auswirkungen, wie geringer Tendenz zu „Extra-

Role-Verhalten" und höherer Tendenz zu Rückzugsreaktionen auf nicht zufrieden stellende Arbeitssituationen, in Verbindung gebracht. Daraus lässt sich schließen, dass affektives Commitment die Komponente darstellt, die den größten Nutzen sowohl für das Unternehmen, als auch für den Mitarbeiter hat.

Demzufolge ist ein affektives Commitment bei strategisch relevanten Mitarbeitern innerhalb einer Organisation besonders zu fördern.

		Commitment-Komponenten		
		affektive	normative	kalkulative
Konsequenzen für die Organisation	Fluktuation	+	+	+
	Absentismus (in Bezug auf freiwillige Fehlzeiten)	+	nicht untersucht in den analysierten Studien	Kein Zusammenhang
	Leistung			
	In-role-performance	+	+	Kein Zusammenhang
	Extra-role-performance	+	+	Kein Zusammenhang
	Innovatives Verhalten	+	nicht untersucht in den analysierten Studien	–
Konsequenzen für das Individuum	Gesundheit	+	+	–
	Konflikt zwischen Arbeit und Freizeit	Kein Zusammenhang	Kein Zusammenhang	–

Abb. 4: Positive (+) und negative (–) Auswirkungen der Commitment-Komponenten gemäß der analysierten Studien

---

29 Meyer et al. (1997), S. 37.
30 Meyer et al. (1997), S. 38.

3 Ansatzpunkte eines commitmentorientierten Retentionmanagements

3.1 Retentionmanagement – das Konzept

Retentionmanagement umfasst alle zielgerichteten und systematischen Maßnahmen, die darauf ausgerichtet sind, die für das Unternehmen strategisch wichtigen Mitarbeiter an das Unternehmen zu binden und deren Leistung und Loyalität zu fördern.

Retentionmanagement besitzt eine strategische und eine operative Dimension:

- Das *strategische Retentionmanagement* beschäftigt sich mit der Gesamtkonzeption einer retentionorientierten Personalstrategie. Dazu gehört zum Ersten die Definition einer unternehmensspezifischen Retentionstrategie, zum Zweiten die Schaffung und Gestaltung der organisatorischen Voraussetzungen und der retentionförderlichen Personalsysteme sowie zum Dritten die retentionförderliche Beeinflussung der Unternehmenskultur. Es schafft so die Voraussetzungen für die Erscheinungsformen des operativen Retentionmanagements.
- Das *operative Retentionmanagement* beschäftigt sich mit der Identifikation und Durchführung von Maßnahmen der Mitarbeiterbindung für einzelne Mitarbeiter und Mitarbeitergruppen. Drei Ausprägungsformen lassen sich hier unterscheiden:
  - Ein zielgruppenspezifisches, operatives Retentionmanagement befasst sich mit der Auswahl und der Anwendung von Retentionmaßnahmen für bestimmte Belegschafts- und Mitarbeitergruppen.
  - Das einzelfallbezogene, operative Retentionmanagement ist der Sonderfall des zielgruppenspezifischen Retentionmanagements, der sich auf die Bindung von Einzelpersonen in besonderen Situationen bezieht.
  - Das unternehmensbezogene, operative Retentionmanagement befasst sich mit der Auswahl und Umsetzung von Retentionmaßnahmen für die Gesamtbelegschaft eines Unternehmens.
- Auf der Basis definierter Messgrößen ist die Effektivität und Effizienz des strategischen und des operativen Retentionmanagements einem fortwährenden Controlling zu unterziehen.

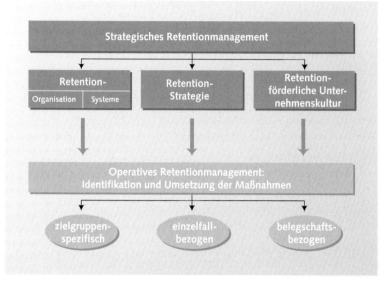

Abb. 5: Erscheinungsformen Retentionmanagement

Das im nächsten Abschnitt beschriebene Vorgehensmodell für ein Retentionmanagement ist eine strategische Reflexionshilfe, weil es die Einflussfaktoren und die Reflexionsschritte systematisch miteinander in Verbindung bringt. Vor allem aber ist es ein Leitfaden für alle Erscheinungsformen des operativen Retentionmanagements.

So verstanden, ist es Aufgabe eines Retentionmanagements, die wesentlichen Handlungsfelder des Personalmanagements unter Beachtung der herausgearbeiteten Retentionfaktoren mit den Motivatoren und Demotivatoren der jeweiligen retentionrelevanten Zielgruppe in Verbindung zu bringen.

Zielgruppen des Retentionmanagements sind die für das Unternehmen strategisch wichtigen Mitarbeiter. Die strategische Bedeutung kann jedoch nur vor dem jeweils spezifischen Hintergrund des einzelnen Unternehmens beantwortet werden. Um die richtigen Zielgruppen zu identifizieren und um Hinweise für die zielgruppenadäquaten Retentionmaßnahmen zu bekommen, wird in diesem Kapitel ein mehrstufiges Vorgehensmodell erarbeitet. Das Modell hilft dabei, die strategisch relevanten Mitarbeiter zu identifizieren, die geeigneten Methoden einzugrenzen und die retentionbezogenen Ausführungsbestimmungen zu beachten.

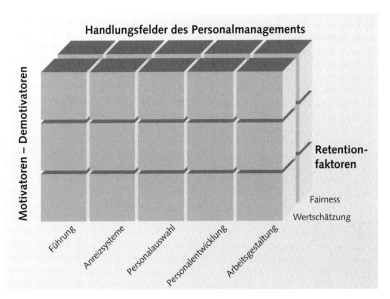

Abb. 6: Entscheidungskubus des Retentionmanagements

Die Schritte des vom Arbeitskreis propagierten Vorgehensmodells eines Retentionmanagements werden hier zunächst grob vereinfacht skizziert und dann in den nachfolgenden Abschnitten jeweils vertieft behandelt.

- Ausgehend von der kurz-, mittel- und langfristigen unternehmerischen Zielsetzung werden in einem ersten Schritt die für die Strategieumsetzung wichtigen Positionen identifiziert und je nach unternehmensspezifischen Besonderheiten zu erfolgskritischen Kompetenzfamilien zusammengefasst.
- Hieran schließt sich eine umfassende Analyse des im Unternehmen vorhandenen Mitarbeiterbestandes an, bei der zu klären ist, inwieweit qualitativ geeignete Mitarbeiter in ausreichender Zahl für die gegenwärtige und zukünftige Besetzung der Positionen vorhanden, zu entwickeln oder über den Arbeitsmarkt zu beschaffen sind.
- Begleitend dazu ist die kurz- und langfristige Arbeitsmarktlage allgemein und qualifikationsspezifisch zu ermitteln, um festzustellen, inwieweit vorhandene Leistungsträger und für die Unternehmensstrategie wichtige Mitarbeiter durch günstige Arbeitsmarktbedingungen ab-

wanderungsgefährdet beziehungsweise schwer zu ersetzen sind (Portfolio I). Strategisch wichtig können damit auch solche Mitarbeitergruppen werden, die zwar nicht zu den Top-Potenzialen oder Leistungsträgern gehören, deren Expertenwissen aber nicht oder nur schwer zu ersetzen wäre.

- Im Anschluss an ein zweites Portfolio, welches die Leistungs- und Potenzialeinstufung der einzelnen Mitarbeiter darstellt, werden aufgrund beider Portfolios die Mitarbeitergruppen positioniert und eine Entscheidung hinsichtlich der strategischen Bindungsrelevanz der jeweiligen Zielgruppe getroffen.
- Wurden die bindungsrelevanten Zielgruppen identifiziert, muss im nächsten Schritt das Motivprofil der Zielgruppe ermittelt werden. Insbesondere gilt es, die Motive und relevanten Demotivationsfaktoren herauszufiltern, die entscheidend für das affektive Commitment der Zielgruppe sind.
- Aus den Motiven wiederum lassen sich Maßnahmenpakete folgern, die zur Bindung der jeweiligen Zielgruppe relevant sind. Diese Maßnahmen sind so auszuwählen, dass sie den spezifischen Motiven der Zielgruppen entsprechen und primär ein affektives Commitment anregen.
- Diese Maßnahmen müssen nach den implizierten Retentionfaktoren hinterfragt werden, um so bei der Umsetzung die Grundsätze von Fairness und Transparenz, aber auch die maßnahmenspezifischen Retentionfaktoren angemessen berücksichtigen zu können.
- Im Anschluss an die Analyse erfolgskritischer Positionen, geeigneter Mitarbeiter und personenbezogener, commitmentförderlicher Maßnahmen folgt eine Bewertung der identifizierten Retentionmaßnahmen nach den Aspekten Steuerbarkeit, Leistbarkeit und kulturelle Wechselwirkungen.
- Wenn dann die erarbeiteten Maßnahmen in Bezug auf das affektive Commitment sowohl realisierbar als auch wirksam sind, kann ggf. über weitere Maßnahmen zur Steigerung des kalkulativen und normativen Commitments nachgedacht werden.
- Nach der Durchführung der Maßnahmen wird deren Wirksamkeit einer Bewertung unterzogen (operatives Retentionmanagement).
- Im Fall einer erfolglosen Anwendung von affektiven Retentionmaßnahmen sind im Folgenden normative oder kalkulative Retentionmaßnahmen zu ergreifen.

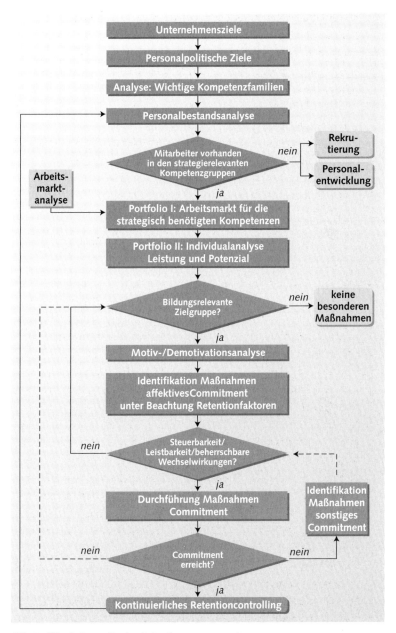

Abb. 7: Ablaufschema für das Retentionmanagement

- In einem letzten Schritt wird das gesamte Retentionsystem des Unternehmens evaluiert (kontinuierliches strategisches Retentioncontrolling).

3.2 Strategisches Retentionmanagement

3.2.1 Retentionstrategie, Retentionorganisation und Retentionsysteme

Die Unternehmensstrategie ist der übergeordnete Orientierungspunkt für die Überlegungen zum Retentionmanagement. Sie gibt vor, welche Ziele mittelfristig erreicht werden sollen, und skizziert die Erfolgsfaktoren, die zur Erreichung der strategischen Ziele relevant sind.

Das strategische Personalmanagement schließt an diese Überlegungen an, indem es die Auswirkungen der Unternehmensziele auf Quantität und Qualität des Personals im Unternehmen antizipiert und daraus Zielvorgaben für das Personalmanagement ableitet.[31]

Im Rahmen dieser Überlegungen spielt das strategische Retentionmanagement eine Rolle: Wenn „Humanressourcen" ein wesentlicher Erfolgsfaktor für die Erreichung der Unternehmensziele sind, dann ist es die originäre Aufgabe eines strategischen Personalmanagements, sich mit Retention erfolgskritischer Mitarbeiter auseinander zu setzen.

Dazu ist dreierlei notwendig:

Zum Ersten ist das Retentionmanagement in den strategischen Programmen des Personalmanagements zu fixieren. Diese strategischen Programme sind das Ergebnis einer auf Ausgangspunktanalyse, Zukunftsszenarien, Technologieauswahl, Fähigkeiten- und Ressourcenentwicklung und Erfolgsmaßstabsfestlegungen beruhenden Identifikation zweckgerichteter Strategien.[32] Sie bündeln die strategischen Ziele und die zu ihrer Erreichung geeigneten Maßnahmen und beinhalten unter anderem eine Produktprogrammstrategie, die das Leistungsangebot und die generelle Form der Leistungserstellung fokussiert, eine Aktivitätsstrategie, die auf eine optimale Aufwand- und Ergebnisrelation in der Wertschöpfungskette zielt, sowie eine Ressourcenstrategie, bei der die Art und Weise der Nutzung und des Ausbaus unternehmensinterner Leistungspotenziale im Mittelpunkt stehen.[33] In diesen Bereichen sind Retentionüberlegungen gezielt einzubringen:

- Welche Konsequenzen hat die Unternehmensentwicklung für die Bedeutung einzelner Mitarbeiter(gruppen)?

- Welche Leistungen muss das Personalmanagement anbieten, wenn es ein systematisches Retentionmanagement betreiben will?
- Welche Ressourcen werden dafür benötigt?

Neben der Integration in strategische Personalprogramme ist es zum Zweiten notwendig, geeignete organisatorische und instrumentelle Voraussetzungen für die Umsetzung des Retentionmanagements zu schaffen. Hier sind einerseits aufbau- und ablauforganisatorische Regelungen sowie eine Aufgaben- und Verantwortungsverteilung zu regeln, mit der das Retentionmanagement integraler Bestandteil des Personalmanagements wird. Andererseits ist festzuschreiben, mit welchen Instrumenten bei der Diagnose, Planung und Kontrolle der Retentionmaßnahmen vorzugehen ist und welche Maßnahmen des Retentionmanagements zum Einsatz kommen. Diese Maßnahmen entstammen in weiten Teilen dem gängigen Instrumentarium des Personalmanagements, insbesondere den Bereichen

- *Führung:* alle interaktiven und strukturellen Maßnahmen der zielorientierten Beeinflussung von Mitarbeitern;[34]
- *Anreizsysteme:* alle Maßnahmen der monetären und nichtmonetären Belohnung von Mitarbeitern;[35]
- *Rekrutierung:* alle Maßnahmen der Ansprache, Auswahl und Integration potenzieller neuer Mitarbeiter;[36]
- *Personalentwicklung:* alle Maßnahmen der Förderung, Weiterbildung und Organisationsentwicklung;[37]
- *Arbeitsgestaltung:* alle Maßnahmen der aufgabenbezogenen Gestaltung der Stelle beziehungsweise des Arbeitsplatzes.[38]

Zum Dritten ist es im Rahmen der strategischen Verankerung des Retentionmanagements notwendig, die Unternehmenskultur als Voraussetzung und Erfolgsfaktor in die strategischen Planungen einzubeziehen.

---

31 Vgl. dazu u. a. Ridder (2001); Boudreaux et al. (2000).
32 Vgl. Bleicher (1999).
33 Vgl. Bleicher (1999).
34 Vgl. Wunderer (2001).
35 Vgl. Femppel et al. (2002).
36 Vgl. Scholz (2001).
37 Vgl. Becker (2002).
38 Vgl. Ringlstetter (1997).

3.2.2 Die Gestaltung von Unternehmenskultur im Sinne des strategischen Retentionmanagements

3.2.2.1 Möglichkeiten und Grenzen der Veränderbarkeit von Unternehmenskultur

Das Management neigt dazu, auch die Unternehmenskultur als eine Variable im Unternehmensgeschehen zu betrachten, die mit einem geplanten Ansatz und in einem festen Zeitrahmen zu verändern ist. Davon geht auch die populäre Managementliteratur zum Thema Unternehmenskultur aus, die seit den 1980er Jahren weit verbreitet ist.[39] Dieser „Macheransatz"[40], der im „Topdown"-Prozess ansetzt, gelingt jedoch kaum. Er findet meist nur in Krisenzeiten, zum Beispiel bei Fusionen, eine gewisse Legitimation. In Krisen wird jedoch besonders deutlich, dass sich etwas ändern muss und dass dies auch die Grundannahmen der Zusammenarbeit betrifft, weil offensichtlich die Quelle der bestehenden Annahmen und Werte, der frühere Erfolg, nicht mehr gültig ist.

So setzt sich jetzt immer mehr die Erkenntnis durch, dass Kulturwandel in einem zwar geplanten, aber nicht vorhersehbaren Prozess unter Beteiligung vieler Betroffener stattfinden muss (Gärtneransatz), weil eine solche Veränderung für viele im Unternehmen eine Neuorientierung bedeutet, die erst langsam gelernt werden muss.[41]

Im Allgemeinen wird jedoch erkannt, dass die Gestaltung der Unternehmenskultur ein längerfristiger Prozess ist. Dies drückt sich auch darin aus, dass jeder Veränderung eine Diagnose vorausgehen muss und immer nur einzelne Schwerpunkte einer Kultur zu einem Zeitpunkt diskutiert werden können, nie die gesamte Kultur auf einmal.[42] Das Management muss in seiner Führungsaufgabe davon ausgehen, dass es zwar Einfluss auf die Unternehmenskultur hat, dies jedoch kultursensibel und reflexiv in Bezug auf die eigenen Handlungen tun muss.

3.2.2.2 Die Ist-Analyse

Eine retentionbezogene Kulturanalyse umfasst
- die Analyse des Kulturtypus entsprechend der Entwicklung der Organisation,
- die Analyse der Commitment-Faktoren,
- die Analyse der personalpolitischen Handlungsfelder in Bezug auf die Commitment-Faktoren.

Der Kulturtypus in der Entwicklung der Organisation
Um die Unternehmensstrategie erfolgreich umzusetzen und Veränderungsprozesse gezielt zu gestalten, müssen wir wissen, welche Kultur im Unternehmen aktuell vorherrscht und ob beziehungsweise wie diese Kultur die angestrebten Ziele unterstützt. Wenn wir einen Einblick in die Kultur eines Unternehmens gewonnen haben, können Widersprüche zwischen Kultur und Strategie aufgedeckt werden. Es stellt sich zuerst die Frage, ob ein der Entwicklung der Organisation entsprechender Kulturtypus überhaupt verwirklicht ist, ehe eine stärkere Identifikation der Mitarbeiter durch Erhöhung des Commitments angestrebt wird.

Die zugrunde liegenden Dimensionen der Kulturtypen sind
- Flexibilität/Handlungsfreiheit versus Stabilität/Kontrolle
- Interner Fokus/Integration versus Externer Fokus/Differenzierung.

Daraus ergeben sich vier Grundtypen, die dann in verschiedener Mischung auftreten können:[43]

Hierarchische Kultur *Tendenz Innenorientierung und Stabilität*	mit formalisierten und strukturierten Arbeitsplätzen. Richtlinien bestimmen, was die Mitarbeiter zu tun haben. Gute Manager sind gute Koordinatoren und Organisatoren. Langfristige Ziele sind Stabilität, Vorhersagbarkeit und Effizienz.
Markt-Kultur *Tendenz Außenorientierung und Stabilität*	funktioniert intern wie ein Markt, z.B. durch interne Verrechnungen. Die Orientierung geht primär nach außen Richtung Austausch mit Lieferanten, Kunden, Lizenzgebern usw. Ziele sind Profitabilität, Stärke in Marktnischen. Wettbewerb und Produktivität sind Werte.
Clan-Kultur *Tendenz Innenorientierung und Flexibilität*	basiert auf der Annahme, dass die Umwelt am besten im Teamwork und durch Personalentwicklung bewältigt werden kann, Kunden betrachtet man am besten als Partner. Die Organisation entwickelt eine humane Arbeitsumgebung. Das Management gibt den Mitarbeitern Empowerment und fördert Beteiligung, Commitment und Loyalität.
„Adhoc-kratie"-Kultur *Tendenz Außenorientierung und Flexibilität*	reagiert gut auf hyperturbulente Bedingungen, bringt innovative und Pionierinitiativen hervor, die zum Erfolg führen sollen. Die Hauptaufgabe des Managements ist, Unternehmertum, Kreativität und Aktivität zu fördern. Organisierte Anarchie und disziplinierte Imagination bilden eine Vorstellung der Zukunft.

Abb. 8: Unternehmenskulturtypen

39 *Vgl. Deal et al. (1982), Peters et al. (1982).*
40 *Vgl. Neuberger et al. (1987).*
41 *Vgl. Schreyögg (1998).*
42 *Vgl. Fankhauser (1996).*
43 *Vgl. Cameron et al. (1999).*

Diese Kulturtypen müssen die Entwicklung und Strategie eines Unternehmens unterstützen oder im Sinne einer neuen Entwicklungsstufe und Strategie verändert werden. Die inhaltliche Gestaltung des Personalmanagements in den personalpolitischen Handlungsfeldern richtet sich auch nach dem gewünschten Kulturtypus. So bedeutet zum Beispiel Fairness in den jeweiligen Unternehmenskulturtypen immer etwas anderes.

Ein Beispiel für die Auswertung der Unternehmenskultur zeigt die folgende Abbildung mit einer dominanten Innovationskultur.

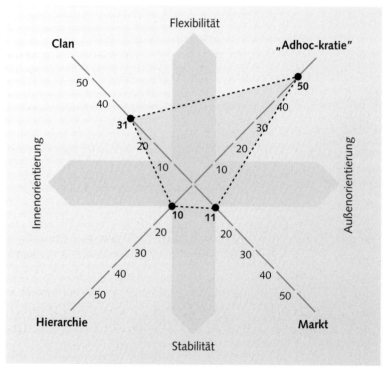

Abb. 9: Auswertungsbeispiel Unternehmenskultur

- *Die commitmentrelevanten Kulturdimensionen*

Bei einer Analyse in Bezug auf Typus und Stärke der commitmentrelevanten Dimensionen können Empfehlungen für die Entwicklung in beiden Richtungen gegeben und gezielte Veränderungsprozesse gestaltet werden.

Da sich die Kultur eines Unternehmens in konkreten Handlungen des Personalmanagements niederschlagen muss, können diese anhand relevanter Kulturdimensionen erfasst werden. Wir haben in Kapitel 2 festgestellt, dass wahrgenommene Fairness und Wertschätzung die dominanten Dimensionen sind, die zu affektivem Commitment bei den Mitarbeitern führen. Diese können sich in der expliziten Unternehmenskultur, also den verbalisierten Formen von Werten und Regeln, ausdrücken oder unmittelbarer in den Handlungsfeldern der Personalpolitik wahrgenommen werden.

Dazu gehören auch andere Dimensionen, die diesen zugeordnet werden können. So drückt sich Wertschätzung beispielsweise auch durch die Bereitschaft zu Fürsorge und Unterstützung aus, also den Willen der Organisation zur Unterstützung der Mitarbeiter über ihre gesetzlich vorgeschriebenen Pflichten hinaus. Gleiches gilt für die Autonomie in der Arbeitsgestaltung. Fairness drückt sich in der Transparenz der Personalinstrumente und Einhaltung von Versprechungen der Organisation aus sowie in der Gerechtigkeit im Umgang mit den Mitarbeitern. Nachhaltige Einflüsse auf den Aufbau von Commitment ergeben sich zudem aus solchen Unternehmensgrundsätzen und Richtlinien, die eine Einbeziehung von Mitarbeitern in Entscheidungsprozesse betreffen; die Möglichkeiten zur Einbringung individueller Vorstellungen drücken Wertschätzung aus.

In der Ist-Analyse geht es darum, zu erfassen, wie stark diese Dimensionen von den Mitarbeitern wahrgenommen werden und in welchen Handlungsfeldern besondere Schwächen bestehen. Die Stärke kann nicht absolut gemessen werden, aber im Vergleich zeitlich aufeinander folgender Untersuchungen oder im Vergleich von Unternehmensbereichen und zwischen einzelnen Handlungsfeldern ergeben sich Hinweise, die mit qualitativen Methoden und Workshops unter fachkundiger Anleitung vertieft werden können.

■ *Das Instrument der Commitment-Kulturanalyse*

Es ist also sinnvoll, sowohl einen Überblick über den Typus der Unternehmenskultur insgesamt zu erhalten als auch Einblicke in die commitmentrelevanten Kulturdimensionen zu gewinnen und unternehmenskulturelle Probleme in den einzelnen Personalmanagementbereichen aufzudecken.

Je nach Situation können größere Gruppen mittels Fragebogen befragt oder mit einzelnen Mitarbeitern Experteninterviews geführt werden. Die so gewonnenen Ergebnisse werden über Workshops mit den Mitarbeitern weiterbearbeitet. Diese Workshops dienen der tieferen Kommunikation und setzen darüber hinaus die Grundlage für einen angestrebten Veränderungsprozess.

Der hier vorgeschlagene Fragebogen „Commitment-Kulturanalyse" misst sowohl

- den Kulturtypus beziehungsweise die Mischung der Kulturtypen in einer Organisation als auch
- die commitmentrelevanten Kulturdimensionen in den personalpolitischen Handlungsfeldern.

Dieses Instrument kombiniert Elemente der Kulturanalyse und der Commitment-Messung. Die Kulturanalyse lehnt sich an die Instrumente von Cameron/Quinn, die als Schüler von Edgar Schein dessen Kulturdefinition sowie seine Gestaltungskonzepte übernommen haben.[44] Sie dient zur Messung der Unternehmenskultur mit dem Ziel, eine Aussage hinsichtlich des vorherrschenden Kulturtypus in einem Unternehmen oder in einem bestimmten Teilbereich zu treffen. Die commitmentrelevanten Kulturdimensionen basieren auf den Ergebnissen der amerikanischen Forschung zu Commitment.[45]

Andere Kulturdimensionen müssen vernachlässigt werden, da Unternehmenskultur nur schwer als Ganzes zu erfassen ist. Wir haben damit zumindest einen ersten Hinweis auf Schwachstellen in den commitmentrelevanten Kulturdimensionen und den personalpolitischen Handlungsfeldern. Die Anwendung des Fragebogens ist dennoch als ein erster Indikator für einzelne Betriebe durch die Personalabteilung möglich, wobei eine weitergehende Analyse und der Aufbau einer Soll-Kultur fachkundiger interner oder externer Prozessbegleitung bedarf.[46]

Der Zusammenhang zwischen Unternehmenskultur und Mitarbeiter-Commitment lässt sich mit einem entsprechenden Fragebogen ermitteln. Der Fragebogen im Anhang mit Einleitungstext und Fragefeldern ist für die Probanden bestimmt.[47] Die Auswertung befindet sich ebenfalls im Anhang.

3.2.2.3 Gestaltung des Soll-Aufbaus von Unternehmenskultur

Die Erfassung der Ist-Kultur ist ein einfacher Prozess verglichen mit dem langfristigen Aufbau einer neuen Kultur. Ausgehend von der Diagnose der Organisationskultur sind in Abhängigkeit von den gefundenen Schwachpunkten der Kultur in Bezug auf die commitmentrelevanten Dimensionen wenige Gestaltungsschwerpunkte zu bestimmen. Hierzu gehören zum Beispiel die Frage der Fairness in den Personalmanagement-Programmen oder die Unterstützung der Mitarbeiter durch direkte Führung.

In einer zweiten Phase sind die zur Gestaltung notwendigen Vorbereitungen zu treffen, wie die Schulung der Führungskräfte. Diese Phase hat das Ziel, den Veränderungsbedarf und dessen Dringlichkeit bewusst zu machen und eine gemeinsame Ausgangslage zu schaffen.

Erst die dritte Phase befasst sich mit der aktiven Gestaltung der Organisationskultur. Sie erfolgt für die in der ersten Phase festgelegten Schwerpunkte in hintereinander geschalteten Zyklen (pro Schwerpunkt ein Zyklus).

Diese scheinbare Planbarkeit der Veränderung von Unternehmenskultur sollte jedoch nicht darüber hinwegtäuschen, dass die Erreichbarkeit der Ziele einer solchen Gestaltung einen langen Zeitraum in Anspruch nimmt und nicht gesichert ist. Das Alter der Organisation und die Stärke der Kultur bestimmen die Veränderbarkeit mit. So ist die Adhoc-kratie-Kultur eines jungen Unternehmens leichter zu ändern als die fest etablierte hierarchische Kultur eines lange gewachsenen Unternehmens.[48] Der Grund dafür ist, dass viele individuelle Orientierungen und Interessenlagen der Organisationsmitglieder berührt und verändert werden müssen.

Kurt Lewin hat schon sehr früh darauf hingewiesen, dass solche Veränderungen das Auftauen alter Orientierungen *(unfreezing)* und den bewussten Vergleich der Kulturen erfordern sowie die Veränderung der Orientierungen *(moving)* und Festigung des neuen Gleichgewichtes *(freezing)*.[49]

---

44 Vgl. dazu z. B. das Instrument OKAY® der O & P Consult AG, Heidelberg, www.opconsult.de.
45 Die Forschung hierzu ist zusammengefasst bei Meyer et al. und bei Gauger. Einzelne Fragen des Fragebogens beruhen auf Forschungsergebnissen von Eisenberger et al. und Angle et al.
46 Fragebogen und Auswertungsbögen siehe Anhang.
47 Stand 28.07.03
48 Vgl. Fankhauser (1996).
49 Vgl. Lewin (1947).

Beim Aufbau einer veränderten Unternehmenskultur ist von großer Bedeutung, dass die Formulierung der Grundsätze, Werte und Normen (das Sagen) im Gleichklang mit der Gestaltung des Personalmanagements und der Führung (das Tun) stehen. Die Veränderung von Personalmanagement-Programmen und ihre Umsetzung beispielsweise ist gleichzeitig eine Beeinflussung der Kultur. Führung des Unternehmens heißt Kulturgestaltung. Direkte Führung, die die Leitlinien des Unternehmens nicht widerspiegelt, führt zu Irritation. Lieber keine (explizite) Kulturgestaltung als eine widersprüchliche Umsetzung. Daraus ergibt sich ein Ablauf der Kulturgestaltung, der sinnvollerweise folgende Phasen umfasst:[50]

- Ist-Analyse (Probleme benennen, Ziele diskutieren, Konflikte lösen)
- Leitbild (Erarbeitung eines unternehmenspolitischen Leitbildes)
- Führung in Fairness und mit Wertschätzung
- Personalauswahl und -entwicklung in Fairness und mit Wertschätzung
- beteiligungsoffene Arbeitsgestaltung
- Information und Kommunikation

Nach der Ist-Analyse (s.o.) ist die Erarbeitung eines Leitbildes ein wichtiger Baustein. Die Erfahrung zeigt, dass der Prozess der Erstellung des Leitbildes, als Lernprozess aller Beteiligten verstanden, bereits zu tief greifenden Veränderungen führen kann. Die schriftliche Form von Leitlinien ist dann nur noch das symbolische Ergebnis dieses Prozesses, das man dann auch weitergeben kann. Leitlinien schaffen Transparenz, verdeutlichen die Ziele des Unternehmens gegenüber den Mitarbeitern, Kunden, Lieferanten und der Öffentlichkeit, erzeugen Handlungsorientierung und können die Wahrnehmung der Werte und Grundhaltungen des Unternehmens fördern.

Ein normatives Unternehmenskonzept wirkt sich aber nur dann positiv auf das Commitment der Beteiligten aus, wenn

- die Übereinstimmung mit den eigenen Werthaltungen der Mitarbeiter gesehen wird und
- die Diskrepanz zwischen „Norm und Wirklichkeit" als nicht zu groß empfunden wird.

Im Vordergrund kann entweder die Entwicklung schriftlicher Leitlinien stehen (konzeptionell-systematischer Ansatz) oder die konkreten Veränderungsschritte auf der institutionellen, instrumentalen Ebene (pragmatischer Ansatz), die sowohl auf die Unternehmenskultur einwirken als auch von ihr beeinflusst werden.[51]

3.2.2.4 Kommunikation in der Veränderung der Unternehmenskultur

Information und Kommunikation ist eine zentrale Aufgabe des Managements und – je nach der Entwicklung einer partnerschaftlichen Beziehung – des Betriebsrats. Die Veränderung der Unternehmenskultur ist ein Lernprozess aller Mitarbeiter. Bei diesem Lernprozess kommt dem Management, dem Betriebsrat und dem Change Agent jeweils eine besondere Rolle zu.

■ *Die Rolle der Führungskräfte*

Den Führungskräften kommt im Rahmen der Gestaltung der Unternehmenskultur eine zentrale Rolle zu. Sie sollen den Lernprozess der Mitarbeiter durch Kommunikation und ihr eigenes Verhalten unterstützen. Führungsverhalten kann diesen Prozess nur fördern, wenn hiermit auch eine Änderung der Instrumente des Personalmanagements verbunden ist.

Führungskräfte sind immer Kulturträger – ob sie wollen oder nicht. Die Frage ist nur, ob sie diese Rolle bewusst wahrnehmen und die Gestaltungsarbeit zielgerichtet sowie abgestimmt erfolgt.[52]

■ *Die Rolle des Betriebsrates*

Untersuchungen der Bertelsmann Stiftung und der Hans-Böckler-Stiftung zeigen, dass in Best-Practice-Betrieben eine partnerschaftliche Zusammenarbeit von Management und Betriebsrat auch in der Entwicklung der Unternehmenskultur die besten Erfolge bringt.[53] Diese partnerschaftliche Zusammenarbeit ist folgerichtig eine erstrebenswerte Norm.[54] Die Symbolwirkung der Mitwirkung des Betriebsrats ist dann nicht zu unterschätzen.

■ *Die Rolle des Change Agents*

Da Unternehmenskultur so eng mit den Erfolgen in der Vergangenheit und mit den persönlichen Werten des oberen Managements verknüpft

---

50 *Vgl. Beyer et al. (1996).*
51 *Vgl. Karg et al. (2001).*
52 *Vgl. Karg et al. (2001).*
53 *Vgl. Weitbrecht et al. (1998).*
54 *Vgl. Beyer et al. (1996).*

ist, empfiehlt es sich bei der Gestaltung der Unternehmenskultur, einen Change Agent zu bestimmen, der dafür sorgt, dass der lange Prozess der Veränderung strukturiert verläuft und durchgehalten wird. Er kann die Ist-Analyse unterstützen und die Entwicklung der Soll-Kultur moderieren durch Workshops und die Kanalisierung der Beiträge der verschiedenen Beteiligten. Sinnvoll ist es in diesem Kulturprozess, den Change Agent in die Rolle eines *Prozesskoordinators* zu bringen, der die Qualität des Veränderungsprozesses garantiert, ohne jedoch die Verantwortung für die Zielsetzung zu übernehmen, die im Management liegen muss.[55]

3.3 Schritte eines operativen Retentionmanagements

3.3.1 Identifikation erfolgskritischer Positionen

Zu den ersten Aufgaben des operativen Retentionmanagements gehört die Identifikation strategisch relevanter, erfolgskritischer Positionen im Prozess der Leistungserstellung. Erfolgskritisch ist eine Position oder ein Aufgabenbündel dann, wenn

- die Ausführung der mit ihr verbundenen Aufgaben einen erkennbaren und wesentlichen Beitrag zu den angestrebten Zielen leistet,
- die Erreichung des Zieles durch Wegfall der Position erheblich gefährdet ist und
- die mit der Position verbundenen Aufgaben nicht oder nur schwer auf andere Positionen übertragen werden können.

In enger Abstimmung mit den zuständigen Linienfunktionen sind nun in einem ersten Schritt die für die Strategie erfolgskritischen Kompetenzen nach Quantität und Qualität zu bestimmen. Je nach strategischem Ziel ist eine Eingrenzung der erfolgskritischen Kompetenzen nach produktbezogenen[56], organisationsbezogenen oder anforderungsbezogenen Kriterien vorzunehmen:

Strategisch wichtige Produkte mit großem Einfluss auf die Erreichung der Unternehmensziele deuten auf strategisch wichtige Positionen hin. Die strategische Bedeutung eines Produktes lässt sich mit einem einfachen Portfolio ermitteln, in dem die Produktpalette des Unternehmens in Beziehung zu den Dimensionen „Zukunft" und „Umsatzchancen" gesetzt wird.

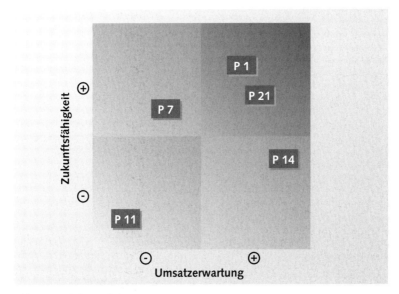

Abb. 10: Produkt-Portfolio

Die Positionen, die sich mit der Erstellung der strategisch wichtigen Produkte befassen, lassen sich zu erfolgskritischen, produktbezogenen Kompetenz-Familien zusammenfassen.

- Strategische Unternehmensziele haben immer auch Auswirkungen auf die Organisationsstruktur, Qualifikationsanforderungen und personalwirtschaftliche Instrumente. Wenn zum Beispiel das strategische Ziel darin besteht, neue Märkte in China zu erschließen, dann resultiert daraus die Notwendigkeit, interkulturelle Kompetenz als Kriterium in Beurteilungen aufnehmen, gegebenenfalls einen Talent-Pool für Führungstätigkeiten in China aufzubauen und – so noch nicht vorhanden – eine Organisationseinheit zu schaffen, die sich mit der Entsendung von Mitarbeitern beschäftigt. Alle Positionen, die sich mit dem Thema „Eroberung neuer Märkte in China" auseinander setzen, lassen sich zu einer erfolgskritischen, organisationsbezogenen Kompetenz-Familie zusammenfassen.

---
55 Vgl. Jarmai (1997).
56 Hier wird die Dienstleistung auch als „Produkt" eines Leistungserstellungsprozesses verstanden.

- Wenn das strategische Ziel im Aufbau bestimmter Kompetenzen zur Etablierung neuer Dienstleistungen und Produkte liegt, dann hat das ebenfalls Auswirkungen auf die Einschätzung, welche Positionen erfolgskritisch sind. Nicht die Funktion ist in diesem Fall relevant, sondern die Anforderungen an Wissen, Erfahrung und Einstellung, die sich über die Position für den Positionsinhaber ergeben. Dementsprechend lassen sich Positionen, die ein ähnliches „Kompetenzprofil" aufweisen, zu erfolgskritischen, anforderungsbezogenen Kompetenz-Familien zusammenfassen.

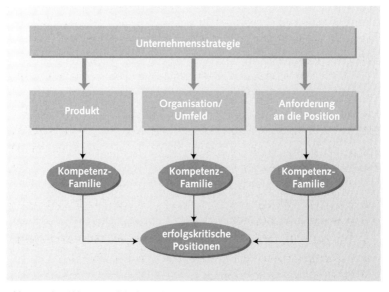

Abb. 11: Identifikation erfolgskritischer Positionen

3.3.2 Analyse des Personalbestandes

Nachdem die erfolgskritischen Positionen innerhalb der relevanten Kompetenz-Familien sowie die „Soll-Vorgabe" für das strategieorientierte zukünftige Personalmanagement feststehen, geht es im nächsten Schritt darum, den quantitativen und qualitativen Mitarbeiterbestand zu analysieren.

Zentrale Instrumente hierfür sind Altersstrukturanalysen, Nachfolgeplanungen und Neubedarfsermittlungen sowie Qualifikations-, Leistungs- und Potenzialanalysen der vorhandenen Mitarbeiter.

Bei allen Analysen der vorhandenen Mitarbeiter ist auch auf „versteckte", bisher nicht genutzte Kompetenzen zu achten. Es stellt sich nicht nur die Frage nach der formalen Qualifikation, sondern auch nach dem Potenzial zur Entwicklung einer Kompetenz oder der Leistungsmöglichkeiten in neuen Arbeitsfeldern.

Ergebnis dieser Analysen kann durchaus sein, dass vorhandene Lücken im Kompetenzanforderungsprofil durch entsprechende Rekrutierungsmaßnahmen zu schließen sind.

3.3.3 Arbeitsmarktanalyse

Begleitend zur unternehmensspezifischen, strategischen Personal-„Lücken"-Analyse ist die kurz- und langfristige Arbeitsmarktlage allgemein und qualifikationsspezifisch zu ermitteln.

Mit der vorgeschlagenen Arbeitsmarktanalyse ist keine empirische, wissenschaftlich fundierte Studie oder eine Erstellung von Zukunftsszenarien gemeint; vielmehr geht es um eine fortwährende Beobachtung der Entwicklungen auf dem Arbeitsmarkt und eine regelmäßige, systematische Auswertung der Konsequenzen, die bestimmte Entwicklungstendenzen auf die Personalsituation des Unternehmens haben können.

Als Informationsquellen sollten unter anderem genutzt werden:
- Tagespresse mit allgemeinen Informationen zur Entwicklung in bestimmten Berufsfeldern,
- Statistiken über die fachspezifische Verteilung von Studienanfängern,
- Erfahrungsaustausch mit internen und externen „Kollegen",
- Rückläufer auf Stellenanzeigen,
- Attraktivitätsstudien, die das Image als Arbeitgeber herausarbeiten.

Diese Informationen lassen sich einfach bündeln, indem die Materialsichtung durch Bildung strategieadäquater Schlüsselfragen vereinfacht wird. Diese Schlüsselfragen sind unternehmensspezifisch zu formulieren und sollten die folgenden Fragenbereiche umfassen:
- Tendenzen: Welche Tendenzen zeichnen sich in den Märkten ab, in denen das Unternehmen agiert?
- Konsequenzen: Welche Konsequenzen ergeben sich für das Unternehmen und dessen Wettbewerbschancen?

- Arbeitsmarkt: Welche Auswirkungen auf den Arbeitsmarkt sind anzunehmen?
- Kompetenzen: Welche Kompetenzen werden zukünftig gebraucht?
- Betriebliches Personalmanagement: Welche Auswirkungen haben die Tendenzen im Arbeitsmarkt auf die Personalarbeit im Unternehmen?

Der Arbeitsmarktüberblick hilft bei der Einschätzung, welche der vorhandenen Leistungsträger und der für die Unternehmensstrategie wichtigen Positionsinhaber durch günstige Arbeitsmarktbedingungen abwanderungsgefährdet und schwer zu ersetzen sind.

3.3.4 Zielgruppenpräzisierung

Die so als erfolgskritisch identifizierten, positionsbezogenen Mitarbeiter werden dann innerhalb eines Portfolios, welches die externe Arbeitsmarktsituation neben der Leistungs- und Potenzialeinstufung als Dimension aufnimmt, positioniert.

Unter Potenzial sollen in diesem Zusammenhang die individuellen Dispositionen für die Erfüllung strategisch relevanter und/oder höherwertiger Aufgaben verstanden werden. Potenzial bezieht sich also auf die Fähigkeit, Kompetenzen für zukünftige Aufgaben im Laufe einer Entwicklung noch zu lernen.

Die Leistung dagegen bezieht sich auf den tatsächlichen Handlungsoutput eines Mitarbeiters. Sie bezeichnet das im Hinblick auf Quantität, Qualität und Zeitaufwand bewertete Ergebnis des menschlichen Arbeitseinsatzes im Unternehmen.

Bei der Präzisierung der Zielgruppe geht man entweder nach dem Kriterium Leistung oder dem Kriterium Potenzial vor. Bei dieser detaillierten Analyse von Einzelpersonen ist auch auf „versteckte", bisher nicht genutzte Kompetenzen, auf Potenzial zur Entwicklung einer Kompetenz und mögliche Leistungsfähigkeit in neuen Arbeitsfeldern zu achten.

Je nach Leistung und/oder Potenzial und je nach Arbeitsmarktsituation lassen sich Mitarbeitergruppen im Sinne der unternehmensstrategischen Zielsetzungen in verschiedene Kategorien der Abwanderungsgefährdung einteilen. Diese Kategorisierung hilft bei der Konzeption von spezifischen Maßnahmen:

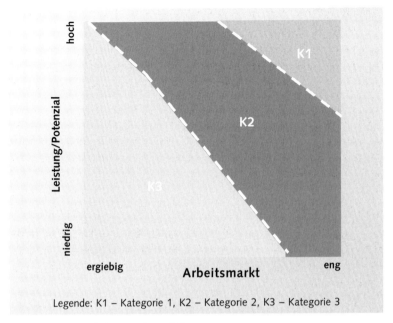

Abb. 12: Leistungs-/Arbeitsmarktportfolio

- Kategorie 1: Retentionmaßnahmen zwingend erforderlich.
- Kategorie 2: Retentionmaßnahmen abhängig von der Strategie und der Unternehmenssituation erforderlich.
- Kategorie 3: besondere zielgruppenspezifische Retentionmaßnahmen nicht zwingend erforderlich.

Im Anschluss an die Analyse der erfolgskritischen Positionen ist die Frage zu stellen, welche spezifischen Motive die erfolgskritische Zielgruppe kennzeichnen, insbesondere welche Motive angesprochen werden müssen, damit ein affektives Commitment erreicht wird.

3.3.5 Motivationsbarrieren erkennen

3.3.5.1 Commitment und Demotivation

Motivfaktoren und Retentionfaktoren wurden in den Kapiteln 2.2.1 und 2.2.2 vorgestellt und vor dem Hintergrund der Frage diskutiert, wodurch

Commitment hervorgerufen und verstärkt werden kann. Die Befriedigung der individuell als wichtig angesehenen Motive sowie die Wahrnehmung der Systeme und Personen des Unternehmens als fair und wertschätzend wurden als die zentralen Aspekte beschrieben. Diese Überlegungen sind nun der Hintergrund für den nächsten Schritt des Retentionmanagement-Prozesses: die Personen zu identifizieren, die die vorher definierten Funktionen ausfüllen. Es gilt also herauszufinden, ob und wodurch das Commitment dieser konkret identifizierten Mitarbeiter oder Mitarbeitergruppen gestärkt werden kann, um die Bindung ans Unternehmen zu erhöhen.

Grundsätzlich gibt es zwei Wege, diese Aufgabe zu lösen:

- Man versucht herauszufinden, welches die wichtigsten Motive dieser Personen sind, um diese noch besser befriedigen zu können. (Was hält die Mitarbeiter *an,* zu bleiben und zu leisten?)
- Man versucht herauszufinden, ob und wodurch diese Personen demotiviert werden, um Motivationsbarrieren abbauen zu können. (Was hält Mitarbeiter *ab,* zu bleiben und zu leisten?)

Vor dem Hintergrund des vorgestellten Vorgehensmodells ist davon auszugehen, dass bei allen Retentionüberlegungen über Leistungs- oder Potenzialträger des Unternehmens gesprochen wird. Dies impliziert, dass diese Mitarbeiter sowohl über ein hohes Maß an Eigenmotivation als auch über ein gewisses Maß an Commitment verfügen oder verfügt haben. Daher erscheint es zwar wichtig, die grundsätzliche Priorisierung der Motive zu kennen, der direktere Weg zum Ziel führt jedoch über die Frage, wodurch das Commitment dieser Mitarbeiter geschwächt wird. Was sind die für den Mitarbeiter oder die Mitarbeitergruppe bedeutsamen Motivationsbarrieren? Welches wichtige Motiv kann der Mitarbeiter (zurzeit) nicht befriedigen? Und wo erlebt der Mitarbeiter das Unternehmen mit seinen Systemen und Personen als nicht wertschätzend und fair?

Ausdrücklich ist in diesen Überlegungen immer sowohl vom einzelnen Mitarbeiter als auch von der Mitarbeitergruppe die Rede. Operatives Retentionmanagement impliziert sowohl die gezielte Bindung Einzelner als auch die präventive oder reaktive Betrachtung von ganzen Gruppen.

Welche Möglichkeiten gibt es nun, die Motivationsbarrieren zu erheben?

Sicherlich ist bei der Methodenentscheidung auch die Anzahl der zu betrachtenden Personen von Bedeutung. In Einzelfällen kann sicherlich ein persönliches Gespräch ausreichend sein, um die entscheidenden Motivationsbarrieren herauszufinden. Geht es um eine größere Gruppe von Mitarbeitern, empfiehlt sich der Einsatz eines Fragebogens.

3.3.5.2 Fragebogen zu Motivationsbarrieren

Wunderer/Küpers[57] haben zum Thema Arbeitsqualität und Arbeitszufriedenheit einen Fragebogen konzipiert, der ganz pragmatisch 16 Motivationsbarrieren erfasst. Die Befragten müssen ihre Motivationsbarrieren sowohl priorisieren als auch spezifizieren und nach aktueller Stärke einschätzen. Hinzu kommt die Erfassung zweier pauschaler Gesamtaussagen zu Gesamtmotivation und geschätztem Verlust von Spaß an der Arbeit und Produktivität. Interessant ist zudem, dass sowohl eine quantitative als auch eine qualitative Auswertung vorgesehen ist.

Vergleicht man die Motivationsbarrieren von Wunderer/Küpers mit den in Kapitel 2.2.1. beschriebenen Motivfaktoren und den Retentionfaktoren, so wird klar, dass im Wesentlichen die gleichen Inhalte erfasst werden. Die Unterschiede liegen vor allem in Struktur und Konkretisierungsgrad.

Zur Erfassung der retentionhinderlichen Motivationsbarrieren lässt sich der von Wunderer/Küpers entwickelte Fragebogen durch eine veränderte Reihenfolge der Fragen und durch das Einfügen der Fragedimension D modifizieren. Entsprechend der originären Handlungsfelder des Personalmanagements sind die Fragen nach den Feldern Führung, Anreizsysteme, Personalauswahl und -entwicklung sowie Arbeitsgestaltung sortiert worden.

Der so konstruierte Fragebogen bietet eine praktikable Möglichkeit zur Erfassung von Motivationsbarrieren sowohl von Einzelpersonen (hier auch als Gesprächscheckliste) wie auch von Gruppen. Man erhält genaue Hinweise auf existierende Demotivatoren und kann einen Demotivationswert ermitteln, der wesentliche Steuerungsinformationen für die Retentionmaßnahmen liefert.[58]

Alternativ kann bei großen Gruppen auch das Instrumentarium der Mitarbeiterbefragung eingesetzt werden. Dies ermöglicht bei Verwendung

---

57 Vgl. Wunderer et al. (2003).
58 Vgl. dazu den Fragebogen in Anlage 6.1.

von Netz-Technologie in kürzester Zeit flächendeckende Befragungen. Zu beachten ist hier jedoch, dass mit der Größe der Befragungsgruppe die Möglichkeiten der qualitativen Auswertung abnehmen und damit weniger spezifische Aussagen zu erlangen sind.

3.3.5.3 Handlungsbedarf identifizieren

Als nächster Schritt im operativen Retentionmanagement soll nun der konkrete Handlungsbedarf identifiziert werden, dem dann die Maßnahmenplanung folgt.

Befragung, Fragebogen oder auch Interviews werden konkret zeigen, was die Mitarbeiter auf den strategisch bedeutsamen Positionen im Unternehmen halten beziehungsweise davon abhalten kann zu bleiben. Durch den Fragebogeneinsatz liegt zudem eine Priorisierung vor, die die wichtigsten Bereiche des Handlungsbedarfs definiert.

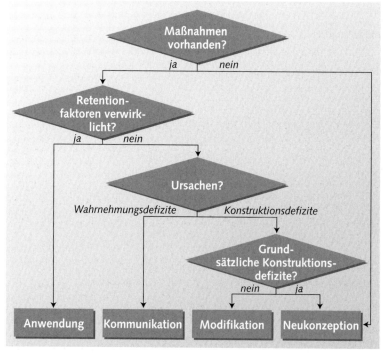

Abb. 13: Identifikation des Handlungsbedarfs

Hierauf sind nun zunächst die vorhandenen Systeme und Maßnahmen zu untersuchen und gegebenenfalls neue zu definieren. Von besonderer Bedeutung sind jedoch die Systeme und Maßnahmen aus den zentralen, retentionrelevanten Handlungsfeldern des Personalmanagements, das sind vor allem die Mitarbeiterbindung, Anreizsysteme, Rekrutierung, Personalentwicklung und Arbeitsgestaltung.

Die Untersuchung der vorhandenen Systeme und Maßnahmen ist wichtig, weil sie zusätzliche Erkenntnisse bringt. Gibt es im Unternehmen bereits Systeme, die genau den ermittelten Handlungsbedarf decken, so ist zu hinterfragen, warum dies nicht wahrgenommen wird. In solchen Fällen ist sowohl an der Bekanntheit der Systeme und Maßnahmen als auch an ihrer Wahrnehmung als bewusste Retentionförderung zu arbeiten. Hier kann zum Beispiel eine Kommunikationsoffensive im Unternehmen deutlich wirksamer sein als die Einführung weiterer Maßnahmen, die dann auch nicht als retentionförderlich wahrgenommen werden.

Wenn es mit den vorhandenen Systemen und Maßnahmen noch keine Antwort auf den Handlungsbedarf gibt, sind neue Maßnahmen zu definieren und zu implementieren. Hierbei ist neben den später zu behandelnden inhaltlichen Aspekten wieder die Wahrnehmung von Fairness und Wertschätzung in Maßnahmen und ihrer Durchführung sowie der unternehmenskulturelle „Fit" zu beachten.

Nach Definition der bedeutsamen Funktionen im Unternehmen, Analyse des Retentionbedarfs und Definition des konkreten Handlungsbedarfs soll im Folgenden aufgezeigt werden, welche konkreten Handlungsmöglichkeiten es gibt. Dabei wird darauf eingegangen, wie die retentionbezogenen Gestaltungsprinzipien in den Handlungsfeldern des Personalmanagements zu berücksichtigen sind. Detailinformationen zu möglichen Maßnahmen enthält die Toolbox im Anhang.

3.4 Handlungsfelder des Personalmanagements beim Retentionmanagement

Aus den in den vorangehenden Kapiteln dargestellten Konsequenzen der verschiedenen Komponenten des Commitment der Mitarbeiter und deren Auswirkungen für das Unternehmen ergeben sich Anforderungen an ein adäquates Commitment-Management: Die Organisation der Arbeit in einem

Unternehmen allgemein, das Personalmanagement im Speziellen sowie die Führungskräfte sind aufgefordert, das soziale organisationale Umfeld und damit die Arbeitsplatzbeschaffenheit derart zu gestalten, dass die Mitarbeiter ein ausgeprägtes Commitment entwickeln können. Auf diesem Weg sollen ihre Einsatzbereitschaft, ihr Engagement und ihre Bereitschaft, im Unternehmen zu bleiben, gesteigert werden.

3.4.1 Führung

Im Folgenden werden ausgewählte, für ein Retentionmanagement besonders relevante Führungsinstrumente beschrieben. Sie weisen bereits in ihren Grundannahmen weitgehende Passgenauigkeit zu den Anforderungen commitmentförderlicher Instrumentarien auf, wie sie in wissenschaftlichen Untersuchungen ermittelt wurden.[59] Dennoch müssen bei deren Detailgestaltung und Umsetzung die im vorigen Kapitel beschriebenen Zusammenhänge und die unternehmensspezifischen Rahmenbedingungen gesonderte Berücksichtigung finden.

- *Führungsgrundsätze/-leitlinien*

Für alle Unternehmensmitglieder verbindliche Führungsgrundsätze, oft auch als „Leitlinien für Führung und Zusammenarbeit" bezeichnet, enthalten generelle Erwartungen bezüglich des Umgangs miteinander und setzen verbindliche Standards im Unternehmen. Den Führungskräften bieten sie Orientierung für das eigene Führungsverhalten, lassen dabei aber Individualität und Flexibilität der Führung bewusst zu. Sie geben keinen bestimmten Führungsstil vor, setzen allerdings „Leitplanken" und Spielregeln, die in aller Regel auf folgenden Grundaussagen aufbauen:
- vertrauensvolle, partnerschaftliche Zusammenarbeit auf der Basis gegenseitiger Wertschätzung
- Beteiligung der Mitarbeiter an Entscheidungen und am Unternehmenserfolg
- Vorbildfunktion des Vorgesetzten
- Handlungs- und Entscheidungsspielräume des Einzelnen durch Delegation und adäquate Kontrolle
- konstruktiver Umgang mit Kritik und Fehlern
- Transparenz durch offene Kommunikation und Information

Jedes Unternehmen muss seine ureigenen Führungsgrundsätze im Detail selbst erarbeiten. Sie müssen zur Tradition, Kultur und „Sprache" des Hauses passen und mit den Unternehmenszielen und -visionen in Einklang stehen.

Verknüpft man die oben genannten Prinzipien mit dem Anspruch auf Ergebnis- und Leistungsorientierung, so führt dies fast zwangsläufig zu Führungsinstrumentarien, die unter den Bezeichnungen „Management by Objectives" (MBO) oder „Zielvereinbarungssysteme" zum Standard in der Unternehmenslandschaft geworden sind.

■ *Management by Objectives (MBO)/Zielvereinbarungssysteme*

Das Führen mit Zielen – Management by Objectives – als Methode sowie als grundlegende Philosophie des Unternehmensmanagements hat seinen Ursprung in den USA der 50er und frühen 60er Jahre.

Man stützt sich dabei auf motivationstheoretische Erkenntnisse, wonach Menschen zur Aktivierung vorhandener Potenziale und zum Erreichen innerer Zufriedenheit klare, subjektiv als Herausforderung empfundene Ziele brauchen. Ausgangspunkt sind die Annahmen, dass in jedem Unternehmen transparente, klar definierte Ziele existieren, dass jeder Beteiligte seine ureigenen Interessen hat und dass die Bündelung gleichgerichteter oder durch das Management in die gleiche Richtung gesteuerter Interessen zur optimalen Zielerreichung führt. Insofern stehen nicht nur das Unternehmensergebnis und die Marktorientierung, sondern als gleichgewichtiges Element auch der einzelne Mensch mit seinen Stärken und Schwächen sowie persönlichen Zielen im Mittelpunkt. Aus diesem Denkmodell leiten sich folgerichtig bestimmte Spielregeln des MBO ab: dynamisch, situativ, flexibel, partnerschaftlich, teambezogen und am Menschen orientiert.

Ziel ist es, Eigeninitiative, Ergebnisorientierung und Selbstmotivation zu verstärken und den Mitarbeiter zum unternehmerisch denkenden und handelnden Partner werden zu lassen. Das Individuum wird gefordert, Selbstentfaltungs- und Selbstverwirklichungsinteressen finden Berücksichtigung. Dies führt zu freiwilliger Kooperation, zu höherer Identifikation mit der eigenen Aufgabe sowie den Unternehmenszielen und hat damit direkten Einfluss auf das affektive Commitment des Einzelnen.

---

59 Siehe dazu im Anhang eine Zusammenfassung in der Toolbox.

Auf MBO basierende Managementkonzepte haben neben Zielvereinbarungen und Mitarbeitergesprächen zur Ergebnisbewertung weitere Elemente wie Mitarbeiterbeurteilung, passende Entgelt- und Anreizsysteme, kompetenzbasierte Personalentwicklungs- und -förderkonzepte sowie ein unterstützendes System betrieblicher Qualifizierungsmaßnahmen, auf die noch eingegangen wird. An dieser Stelle wollen wir zunächst auf die Zielvereinbarung als zentrales Element näher eingehen.

Aus transparenten und klar formulierten Unternehmenszielen entstehen im Laufe des Zielvereinbarungsprozesses so genannte Stellen- oder Individualziele. Diese werden in einem Zielvereinbarungsgespräch zwischen Mitarbeiter und direktem Vorgesetzten im Wortsinne vereinbart, niemals einseitig gesetzt. Eine Zielvereinbarung umfasst dabei fachliche, direkt auf die Inhalte der Arbeit bezogene Ziele, auf die Zusammenarbeit bezogene Ziele sowie persönliche Entwicklungs- und Qualifizierungsziele. Ziele müssen messbar, deren Erreichen durch nachvollziehbare Kriterien beurteilbar sein, sie müssen realistisch, erreichbar und sogar übererfüllbar sein und sich immer in Einklang mit den Unternehmenszielen und -strategien befinden.

Motivierende, herausfordernde Ziele sind dann gegeben, wenn der Mitarbeiter die Chance hat, eigenes Know-how, Erfahrungen und Ideen einzubringen und wenn es die Führungskraft versteht, auf Zielklarheit zu achten, ohne den Weg zum Ziel mit zu vielen Detailfestlegungen vorzugeben. Für die Akzeptanz der Ziele ist es darüber hinaus unerlässlich, dass sie durch den Mitarbeiter, bei Teamzielen durch jedes Teammitglied, maßgeblich und direkt beeinflussbar sind und dass bei gravierenden Veränderungen der Rahmenbedingungen innerhalb der Vereinbarungsperiode auch entsprechende Anpassungen vorgenommen werden können.

Zu beachten ist außerdem, dass mit einer rein quantitativen, ökonomischen Ausrichtung der Ziele die Gefahr der langfristigen Fehlsteuerung verbunden sein kann. Die Vernachlässigung mittel- bis langfristiger qualitativer Ziele, wie Kundenbindung, Stärkung der Zusammenarbeit, Innovationsverhalten oder Kompetenzentwicklung der Mitarbeiter, hat nicht zuletzt auch erhebliche negative Auswirkungen auf das affektive Commitment der Belegschaft, insbesondere der Leistungsträger.

In der Umsetzungsphase hat die Führungskraft eine begleitende Rolle, ist Coach und diesbezüglich „Dienstleister" für die Beschäftigten. Ein- bis zweimal innerhalb der Zielvereinbarungsperiode und bei einschneidenden Änderungen der Rahmenbedingungen wird Zwischenbilanz gezogen, weiterer Unterstützungsbedarf seitens des Vorgesetzten und gegebenenfalls Adjustierungen der Ziele besprochen, bevor mit dem Zielerreichungsgespräch gemeinsam ermittelt wird, inwieweit die Ziele erreicht werden konnten. Dies markiert zugleich den Ausgangspunkt für die nächste Runde im kontinuierlichen Zielvereinbarungsprozess.

■ *Kompetenzbasierte Beurteilungssysteme/360-Grad-Feedback*

Zunehmend Verbreitung finden gerade im Zusammenhang mit MBO-Managementkonzepten kompetenzbasierte Beurteilungssysteme sowie das 360-Grad-Feedback. Im Mittelpunkt steht ein Grundkanon erfolgsrelevanter Schlüsselkompetenzen ergänzt durch jeweils bereichs-/aufgabenbezogene Kompetenzen, mit den Feldern Motivation und Leistungsbereitschaft, Handlungskompetenz, Sozialkompetenz sowie Fachkompetenz. Als moderne Instrumentarien der Führung und Personalentwicklung enthalten sie immer die Möglichkeit der Selbst- und Fremdbildanalyse.

Die Idee des 360-Grad-Feedbacks geht davon aus, dass das Erkennen und Auseinandersetzen mit den Kompetenzeindrücken mehrerer Beteiligter einer Arbeitsumgebung besonders aufschlussreich, entwicklungsfördernd und motivierend sein kann. Aufgrund der mitunter nicht einfachen Feedback-Prozesse bedarf es zur erfolgreichen Durchführung allerdings einer prinzipiellen Kultur gegenseitiger Wertschätzung. Die klassische eindimensionale Beurteilung durch den direkten Vorgesetzten wird beim 360-Grad-Feedback durch eine ganzheitliche Sichtweise mit den Partnern Vorgesetzte(r), Kunden, Kollegen, Mitarbeiter, Nachbarabteilungen und Lieferanten ersetzt.

Auf der Basis eines spezifischen Kompetenzmodells werden für die Fokusperson Rückmeldungen der beteiligten Partner sowie eine Selbsteinschätzung erstellt. Ein gutes, verwertbares Feedback ist dabei immer konkret, verhaltensbezogen, nicht wertend und Handlungsmöglichkeiten aufzeigend. Einem Abgleich zwischen Soll- und Ist-Profil und einer Stärken-Schwächen-Analyse folgt ein moderiertes Feedback-Gespräch und/oder Einzelgespräche mit den Feedbackgebern.

Mit dieser Form von Beurteilungs- und Rückmeldprozessen kann es gelingen, eine erfolgreiche Feedback-Kultur zu fördern, in der der Einzelne in der persönlichen Kompetenzentwicklung stärker gefördert und motiviert wird, mehr Verantwortung zu übernehmen für die eigene Entwicklung, für die Arbeitsergebnisse und die Zusammenarbeit im Unternehmen.

Neben den genannten haben viele weitere Aspekte und Maßnahmen aus dem Bereich der Führungssysteme und des Führungsverhaltens einen zum Teil erheblichen Einfluss auf die verschiedenen Commitmentarten. Hierzu gehören insbesondere die Informationspolitik sowie die Gepflogenheiten und Rituale der internen Kommunikation, der Umgang mit Verbesserungsvorschlägen aus der Belegschaft, die Gestaltung der innerbetrieblichen Sozialpartnerschaft, die wahrgenommene Führungs- und Sozialkompetenz des Managements und die Nachvollziehbarkeit und Transparenz unternehmerischer Entscheidungen.

Checkliste zur Retentionorientierung der Führung

○ Machen die Führungsleitlinien die Grundwerte des Umgangs miteinander transparent?

○ Werden die Führungskräfte zu offener Kommunikation im Unternehmen angehalten?

○ Werden im Unternehmen auf allen Ebenen klare und transparente Ziele definiert und kommuniziert?

○ Können sich Mitarbeiter in den Zielvereinbarungsprozess einbringen?

○ Ist das Zielvereinbarungssystem in die Instrumentenlandschaft des Unternehmens integriert?

○ Gibt es ein institutionalisiertes Feedback, das alle Beteiligten als fair und wertschätzend erleben?

Abb. 14: Checkliste zur Retentionorientierung der Führung

3.4.2 Anreizsysteme

Monetäre und nichtmonetäre Anreizsysteme haben eine nicht zu unterschätzende Wirkung auf das Commitment der Mitglieder einer Organisation. Inwieweit eine Organisation „den richtigen Mix" für seine Mitarbeiter anbieten kann, hängt von einer Vielzahl von Faktoren ab.

Als maßgebliche retentionförderliche Gestaltungsprinzipien der *monetären Anreizsysteme* sind die wahrgenommene Gerechtigkeit der Entlohnung, bezogen sowohl auf die individuelle Leistung als auch auf „die Relation zu subjektiv vergleichbaren Organisationsmitgliedern"[60], und die Höhe der Entlohnung als Ausdruck besonderer Wertschätzung des Mitarbeiters durch die Organisation zu berücksichtigen.

Grundlagen eines retentionförderlichen Anreizmanagements

- eine systematische und nachvollziehbare Strukturierung und Bewertung der Funktionen
  Kriterien hierzu orientieren sich an den erwarteten Fähigkeiten in den Bereichen Fach- und Führungskompetenz und dem betriebswirtschaftlichen Verantwortungsrahmen. Fairness beinhaltet in diesem Zusammenhang die unternehmensübergreifende Stimmigkeit der Zuordnung von Funktionen, Personen und Bewertungen, Transparenz bedeutet Nachvollziehbarkeit im Einzelfall.

- ein klar definierter Kriterienkatalog für die Vergabe leistungsbezogener variabler Gehaltsbestandteile
  So sollte differenziert werden zwischen Aufgaben und Leistungen im Rahmen der üblichen Tätigkeit – wie sie z.B. in Punktemodellen der Leistungsbeurteilung in Manteltarifverträgen abgebildet werden – und darüber hinausgehenden besonderen Leistungen im Rahmen von Projekten und Sonderaufgaben, die besonderes Engagement, überdurchschnittliche Qualität und Leistung erfordern.

- ein transparenter Vergabeprozess für Erhöhungen des Basisgehaltes außerhalb der Tarife
  Dies kann z.B. gewährleistet werden durch Abstimmungsrunden der entscheidenden Führungskräfte innerhalb der Fachabteilungen und übergreifend im Sinne eines „Mehraugenprinzips".

- ein unternehmensweit eingesetztes, stringent aus den Unternehmenszielen abgeleitetes und mit Entgeltkomponenten gekoppeltes Zielvereinbarungsmodell

---

60 Gauger (2000), S. 122.

Voraussetzung für dessen erfolgreichen Einsatz ist die frühzeitige und eindeutige Kommunikation der Unternehmensziele, eine stringente Ableitung der Individual- und Teamziele und eine transparente Koppelung von Entgeltkomponenten an die Zielerreichung.

- ein an den Bedürfnissen der Mitarbeiter orientierter Nebenleistungskatalog
  Je nach Mitarbeiterstruktur und Lebensphase, in denen sich die betreffenden Mitarbeiter befinden, muss ein Unternehmen hier unterschiedliche Schwerpunkte bei den Nebenleistungen legen, damit sie retentionwirksam sind. Dazu gehören auch Überlegungen zur betrieblichen Altersvorsorge.

Bei außertariflichen Mitarbeitergruppen und beim Management ist die Gestaltbarkeit des Einkommens durch den Einzelnen die entscheidende Größe für das Commitment. Die Gestaltungs- und Kommunikationsprozesse sind originäre Aufgabenfelder des Personalmanagements beim Retentionmanagement. Hier müssen abgestimmte Systeme geschaffen werden, bei denen die einzelnen Vergütungsinstrumente als gerecht wahrgenommen werden.

Nichtmonetäre Anreizsysteme müssen vor allem zu der vorliegenden Unternehmenskultur passen. Entsprechend den Life-Balance-Ausprägungen der Mitarbeiter sind hier verschiedene individualisierte, flexible Arbeitszeitmodelle[61] (Teilzeit, Telearbeitsplätze) und Modelle zur besseren Vereinbarkeit von Beruf und Familie gefragt.

Um Mitarbeitern während der Elternzeit den fachlichen und sozialen Kontakt zum Arbeitgeber und zur Abteilung zu ermöglichen, bieten sich vor allem kurzzeitige Arbeitseinsätze und Weiterbildungen an (Urlaubsvertretungen, Projekteinsätze, Teilnahme an Abteilungsbesprechungen, E-Learning).

Für Mitarbeiter mit Familie hat die Hilfe bei der Vermittlung organisierter Kinderbetreuung einen besonderen Stellenwert. Ist der Partner auch berufstätig, erhöht sich umso mehr die Bedeutung dieses Angebots.

Darüber hinaus sind nichtmonetäre Anreize auch strukturierte Patensysteme, abendliche Fachforen, die Unterstützung beim Aufbau von sozialen Kontakten über organisierte Freizeitangebote oder regelmäßige Treffen und Informationsabende. Dieses Angebot ist daraufhin zu überprüfen, ob es das Commitment der strategisch wichtigen Mitarbeitergruppen fördert.

Grundsätzlich ist die Einführung, die Kommunikation sowie die Handhabung dieser Modelle und Angebote nachhaltiger Aufgabenfelder des Retentionmanagements zu beachten. Es macht beispielsweise einen großen Unterschied für den Einfluss auf das Commitment, ob solche Benefits aufgrund gesetzlicher Regelungen eingeführt werden oder auf freiwilliger Basis.[62]

Gerade bei den monetären und nichtmonetären Anreizsystemen ist auf die Folgewirkungen ihrer Anwendung zu achten. Insbesondere stellt sich hier die Frage, ob langfristig wirkende Maßnahmen, wie z.B. Altersversorgungsleistungen, zur Folge haben, dass Mitarbeiter gebunden werden, von denen sich das Unternehmen gern trennen würde.

Checkliste zur Retentionorientierung der Anreizsysteme

○ Sind die verschiedenen Kompensations- und Benefit-Leistungen des Unternehmens den jeweiligen Mitarbeitern bekannt?

○ Sind die Kriterien für die Anrechnung individueller Leistungen transparent?

○ Ist eine individuelle Auswahl unterschiedlicher Komponenten des Vergütungssystems möglich?

○ Wird das Gesamtsystem als gerecht wahrgenommen?

○ Wird die Umsetzung der Anreizsysteme vom Mitarbeiter bzw. von Mitarbeitergruppen als gerecht empfunden?

○ Gibt es für strategisch wichtige Mitarbeiter die Möglichkeit, die Höhe der Vergütung zu beeinflussen?

○ Werden die Intentionen des Unternehmens mit den Anreizsystemen verständlich kommuniziert?

Abb. 15: Fragen zur Retentionorientierung der Anreizsysteme

---

61 Vgl. Kutscher et al. (1996).
62 Vgl. Goldberg et al. (1989); Grover et al. (1959).

3.4.3 Personalauswahl

Die Gestaltung der Personalauswahl ist in zweierlei Hinsicht für die Bindung strategisch wichtiger Mitarbeiter von Bedeutung.

Zum einen gilt es, für die zu besetzenden Stellen die richtigen Auswahlverfahren zu bestimmen und professionell zu gestalten. Empirische Untersuchungen zeigen, dass die Aussagekraft der Verfahren erheblich variiert. Das liegt zum einen an den Verfahren selbst, zum anderen in erheblichem Maße am Grad der Professionalität der Durchführung.

Die Akzeptanz der eingesetzten Verfahren und deren Image bei den Bewerbern spielt eine große Rolle für den ersten Eindruck, den der Bewerber von den Werten des Unternehmens gewinnt. Natürlich werden Verfahren, von denen die Bewerber annehmen, dass sie das Ergebnis aktiv, gezielt und positiv beeinflussen können, positiver beurteilt als Verfahren, die durch starke Strukturierung und Vorgabe von Antwortalternativen die Freiheitsgrade der Bewerber einschränken, wie dies zum Beispiel bei vielen Persönlichkeitstests der Fall ist. Aber auch aufwändigere, komplexere und aussagefähigere Auswahlverfahren finden Akzeptanz, wenn der Bezug zur besetzenden Stelle sowie die Professionalität der Beurteilenden für den Bewerber erkennbar und nachvollziehbar sind. Dies führt zu einer frühzeitigen und nachhaltigen Identifikation mit dem Unternehmen.

Ähnlich wirkt die Weise, wie mit dem Bewerber in der Auswahlsituation umgegangen wird. Dazu zählen der Stil der schriftlichen und mündlichen Kommunikation und das Verhalten aller, mit denen der Bewerber im Verlauf des Bewerbungsverfahrens auf Unternehmensseite in Kontakt kommt – von der Telefonzentrale bis zum Personalleiter und dem zukünftigen Vorgesetzten. Vor allem Bewertungen des Arbeitsklimas, des Kommunikationsverhaltens und der Umgangsformen, in denen sich Werthaltungen des Unternehmens ausdrücken, werden aus solchen Hinweisen abgeleitet.[63]

Daher genügt es nicht, dem Kandidaten nur die zukünftigen Arbeitsinhalte, zu erwartendes Gehalt und Sozialleistungen darzustellen. Unternehmen müssen realisieren, dass sie in der Bewerbungssituation automatisch einen Eindruck von ihrer Kultur vermitteln, und sie sollten diese Chance gezielt nutzen.

Mit dem Ziel, unrealistische Erwartungen zu verhindern, die Selbstselektion der Bewerber zu fördern und Frühfluktuation zu verhindern, wurde das Instrument des „Realistic Job Preview" (realistische Tätigkeitsvorschau) entwickelt.[64]

Zur realistischen Tätigkeitsvorschau gehören Auswahlverfahren, welche die Besonderheiten der Aufgabe möglichst realitätsnah darstellen und dem Bewerber ermöglichen, nicht nur sich selbst zu präsentieren, sondern auch realistische Arbeitssituationen zu erleben. Darüber hinaus kann im Gespräch auf Besonderheiten der Aufgabe eingegangen werden, wie zum Beispiel auf umfangreiche Reisetätigkeit und Abwesenheit von zu Hause, Zeiten mit extremem Zeitdruck und häufige Überstunden. In Zeiten des Wertewandels und der Diskussion über Work-Life-Balance können dies, trotz Karriereorientierung, Gründe für erhebliche Unzufriedenheit sein, bei strategisch wichtigen Leistungsträgern genauso wie bei anderen Mitarbeitern des Unternehmens.

Darüber hinaus gilt es auch, Informationen zum Abteilungs- und Betriebsklima, zur Kultur, zu geschriebenen und ungeschriebenen „Gesetzen" und zur wahrscheinlichen Arbeitsbelastung zu vermitteln. Es ist immer empfehlenswert, zukünftige Bezugspersonen des Bewerbers in den Auswahlprozess einzubinden.

Es ist sinnvoll, die Kandidaten in der Einarbeitungsphase systematisch zu begleiten. Ein systematisches Einarbeitungsprogramm unterstützt die fachliche Integration, unternehmensweite Veranstaltungen für Neueinsteiger ermöglichen das Knüpfen von Kontakten auch über die Grenzen der eigenen Abteilung hinaus, „runde Tische" mit Führungskräften höherer Hierarchieebenen oder dem Vorstand vermitteln ein besseres Verständnis der Zusammenhänge von Personen und Funktionen im Unternehmen.

Das Ziel einer bindungsorientierten Personalauswahl ist es, möglichst frühzeitig eine Bindung des Bewerbers an das Unternehmen aufzubauen, indem er in die Lage versetzt wird, eine realistische Vorstellung von seinem Tätigkeitsfeld und den Arbeitsbedingungen im Unternehmen zu entwickeln. Damit wird auch ein frühzeitiger Abgleich der Unternehmenswerte und der individuellen Werte ermöglicht.

---

63 *Vgl. Rastetter (1996).*
64 *Vgl. Wanous (1992).*

Checkliste zur Retentionorientierung der Personalauswahl

○ Stellen Sie die Aufgaben realistisch dar?

○ Stellen Sie das Unternehmen realistisch dar?

○ Werden die Werte des Unternehmens deutlich?

○ Werden die Bewerbungsgespräche von den Bewerbern als fair erlebt?

○ Werden die Auswahlmethoden als fair und transparent erlebt?

○ Bekommen Bewerber schnelles Feedback?

○ Erklären Sie den Bewerbern, warum Sie welche Methoden zur Auswahl einsetzen?

Abb. 16: Checkliste zur Retentionorientierung der Personalauswahl

3.4.4 Personalentwicklung

Maßnahmen der Personalentwicklung („internal promotion, training and development") beeinflussen das affektive Commitment positiv.[65] Grundlegend dafür ist die Wahrnehmung der Mitarbeiter, als Ressource und nicht als Kostenfaktor betrachtet und behandelt zu werden. Im Folgenden sollen nun die groben Schritte der Personalentwicklung, Beurteilung und Potenzialanalyse, Förderung und Training sowie Beförderung und Entwicklung spezifisch betrachtet werden.

■ *Beurteilung und Potenzialanalyse*

Kein Unternehmen kommt bei der Entwicklung seiner Mitarbeiter und den damit verbundenen Investitionen ohne Beurteilung aus. Gibt es dazu keine offenen Tools, so findet sie informell statt. Denken wir zurück an die Retentionfaktoren Fairness (Transparenz) und Wertschätzung, so kann man grundsätzlich daraus folgern, dass es mit Blick auf das Commitment der Mitarbeiter mehr darauf ankommt, ob ein Beurteilungsprozess als fair und transparent erlebt wird und der Mitarbeiter im Ergebnis Wertschätzung erfährt, als darauf, welche Methoden und Verfahren angewandt werden. Es gibt sicherlich Verfahren und Methoden, die diesen Kriterien mehr oder weniger gerecht werden: Prinzipiell ist ein offenes, „offizielles" Verfahren einem informellen vorzuziehen. Entscheidend dürfte auch die begleitende Kommunikation bei der Einführung eines Verfahrens sein: Werden die Gründe für die Einführung, die möglichen positiven wie negativen Auswirkungen und das Verfahren selbst mit seinen Stärken und Schwächen glaubwürdig dargestellt?

Bei Verfahren zur Potenzialanalyse gibt es den Trend weg vom reinen Assessment-Center hin zum Orientierungscenter. Hier steht nicht nur die Beurteilung und Einschätzung im Vordergrund des Verfahrens, sondern die Hilfe zur realistischen Selbsteinschätzung des Mitarbeiters. Für die Umsetzung einer retentionorientierten Personalentwicklung ist diese Entwicklung ausgesprochen positiv zu bewerten, da hierdurch einmal mehr dem Mitarbeiter Wertschätzung entgegengebracht wird. Außerdem verringert dieses Verfahren die bekannte „Verliererproblematik": Teilnehmer, die das Assessment-Center nicht bestehen, haben je nach Kultur des Unternehmens kaum noch Perspektiven und werden das Unternehmen häufiger verlassen.

Besondere Bedeutung bei einer retentionorientierten Personalentwicklung kommt den Feedbackprozessen zu, die sowohl im Rahmen von Beurteilungen als auch von Potenzialanalysen vorkommen. Gelingt es hier nicht, die Retentionfaktoren erlebbar zu machen, wirkt negatives Feedback fluktuationsfördernd. Schaffen es die Feedbackgeber hingegen, ihre Äußerungen als Zeichen einer ernsthaften Wertschätzung fair und transparent zu vermitteln, kann selbst negatives Feedback retentionförderlich wirken. Hier werden hohe Anforderungen an Personalentwickler und Führungskräfte gestellt.

■ *Förderung und Training*

In der Forschung wurde eine Wechselwirkung zwischen Training und Commitment festgestellt: durch Training wird Commitment positiv beeinflusst, andererseits steigert Commitment die Motivation, an Trainingsmaßnahmen teilzunehmen.

Es kann also grundsätzlich davon ausgegangen werden, dass die Investition in Mitarbeiter retentionwirksam ist. Allerdings sind auch hier wie-

---

65 Vgl. z.B. Facteau et al. (1995), Gaertner et al. (1989).

der die Retentionfaktoren zu beachten. Der Mitarbeiter muss diese Investition als Wertschätzung seiner Person wahrnehmen, die Auswahl der Teilnehmer sollte als fair erlebt werden und transparent sein. Dies stellt erhebliche Anforderungen an die Personalentwicklung, wenn es zum Beispiel um Programme für Nachwuchsführungskräfte geht, die als besonders karriereförderlich gelten. Die Kommunikation im Unternehmen muss sorgfältig geplant und durchgeführt werden, um die nicht Teilnehmenden nicht zu demotivieren.

Darüber hinaus gibt es weitere Möglichkeiten, die Retentionwirksamkeit solcher Programme erheblich zu steigern, indem man sie zum Beispiel über einen längeren Zeitraum laufen lässt. Mehrere kurze Bausteine über ein Jahr oder länger verteilt, bedeuten keine höhere Investition im Vergleich zu einer Blockveranstaltung. Sie bewirken jedoch, dass kaum ein Teilnehmer das Unternehmen vor Ablauf des Programms verlässt. Auch feste Teilnehmergruppen, in denen die Mitarbeiter eine emotionale Bindung zueinander entwickeln, wirken wie eine Hemmschwelle, das Unternehmen zu verlassen.

Bei der Diskussion der Retentionfaktoren wurde dargestellt, dass die Wahrnehmung des Unternehmens durch den Mitarbeiter die entscheidende Größe ist. Daraus lässt sich ableiten, dass es auch in der Personalentwicklung darauf ankommt, den Mitarbeiter darauf hinzuweisen, dass in ihn investiert wird und dass das Unternehmen daraus konkrete Erwartungen an ihn ableitet, unter anderem die Erwartung zu bleiben.

- *Beförderung und Entwicklung*

Beförderungen, egal ob titel- oder verantwortungsbezogen, können Commitment bewirken. Auch hier sind natürlich wieder die Retentionfaktoren von Bedeutung, vor allem was den Auswahlprozess zur Beförderungsentscheidung angeht. Weil er in der Öffentlichkeit des Unternehmens stattfindet, müssen diejenigen Mitarbeiter befördert werden, die für das Unternehmen wichtig sind, beziehungsweise die für die „Wunsch-Unternehmenskultur" der Zukunft stehen. Dies sind klare Signale an die Mitarbeiter, die sich mit der Kultur identifizieren, genauso wie an diejenigen, die dies nicht können. Auf diese Weise kann strategisches Retention hochwirksam werden.

Checkliste zur Retentionorientierung der Personalentwicklung

○ Wird offen beurteilt?

○ Werden Beurteilungen als fair erlebt?

○ Gibt es eine Feedbackkultur?

○ Sind Führungskräfte und Personalmanager entsprechend geschult?

○ Gibt es Möglichkeiten für Mitarbeiter, an ihrem Selbstbild zu arbeiten?

○ Ist die Auswahl für Förderprogramme transparent?

○ Gibt es Langzeitprogramme für die Retention-Zielgruppe?

○ Wird Personalentwicklung als Retentionmaßnahme vermarktet (z.B. durch die Betonung der Fairness)?

○ Wird von Trainingskosten oder von Investitionen gesprochen?

○ st der Auswahlprozess für Besetzungsentscheidungen und Titelvergaben nachvollziehbar?

○ Werden die Zukunftsträger befördert?

Abb. 17: Checkliste zur Retentionorientierung der Personalentwicklung

3.4.5 Arbeitsgestaltung

In der Industrie wird (zu Recht) viel Geld für Produktdesign ausgegeben. Hier ist nichts zu teuer und nur das Beste gut genug. Nur wenige Firmen beachten aber, dass auch Jobs ein Design brauchen.[66] Die aufgabenbezogene Gestaltung des Arbeitsplatzes trägt ebenso zum Commitment der Mitarbeiter bei wie die Interaktion des Mitarbeiters mit seinem Vorgesetzten und dem Human Resource Management.

Fehlerhafte, nicht gründlich durchdachte Arbeitsgestaltung ist eine der Hauptquellen für Demotivation, Unzufriedenheit und schlechte Produktivität. Deshalb sind bei der Arbeitsgestaltung sowohl einige wichtige Regeln zu beachten als auch weitverbreitete Fehler zu vermeiden.

---

66 *Vgl. Malik (2001).*

Es lassen sich drei retentionförderliche Merkmale unterscheiden:
- Die Tätigkeit wird als individuelle Herausforderung wahrgenommen. Nimmt ein Mitarbeiter seine Tätigkeit als wichtig für die Organisation wahr und sieht er einen Großteil seiner Fähigkeiten bei der Erfüllung seiner Aufgaben angewandt, kann sich dies positiv auf sein affektives Commitment der Organisation gegenüber auswirken. Diese Tätigkeiten zeichnen sich aus Mitarbeitersicht aus durch
  - Aufgabenvielfalt,
  - deren individuell wahrgenommene Bedeutung,
  - das Ausmaß, in dem sie beim Erfüllen dieser Aufgabe mit einfließen,
  - die Unterstützung, die der Mitarbeiter erhält, wenn die Zielerreichung aus alleiniger Kraft problematisch wird,
  - die Erhaltung oder Erhöhung des eigenen Rollenstatus.
- Der Mitarbeiter besitzt Handlungs- und Entscheidungsfreiräume in seinem Aufgabengebiet und ist befugt, entsprechende abschließende Entscheidungen zu treffen (Kennzeichen Autonomie).
- Dem Mitarbeiter ist die Möglichkeit gegeben, selbstbestimmt seine sozialen Netzwerke aufzubauen (Kennzeichen soziale Interaktion).

Malik veranschaulicht eindrucksvoll, welche Fehler bei der Stellengestaltung gemacht werden können und welche Demotivation dies zur Folge haben kann. Hierzu unterscheidet er zwischen sechs Jobvarianten:

1. Der zu kleine Job

Viele Menschen haben zu kleine Aufgaben, sind ständig unterfordert. Darin liegt der Hauptgrund für Frustration und mangelnde Produktivität. Natürlich gibt es auch Menschen, die an kleinen Jobs ihren Spaß haben, aber von solchen sollte man sich früher oder später trennen. Mitarbeiter, die im Wesentlichen schon um 15 Uhr mit ihrer Arbeit fertig sind, weil ihr Job zu klein ist, haben logischerweise überhaupt keinen Anlass, über wirksames Arbeiten nachzudenken – und man kann es ihnen auch nicht verübeln.

2. Der zu große Job

Man kann Menschen auch überfordern, auch wenn das gar nicht so leicht ist. Die meisten Menschen akzeptieren selbst gesteckte Grenzen viel zu schnell. Ein Blick in die Vergangenheit zeigt, dass Menschen deutlich mehr leisten können, als sie es für möglich halten. Kein einziger Sportrekord hat bis heute gehalten. Und immer wieder sieht man, dass die Leistung selbst und deren Resultate eine Quelle allergrößter Motivation sind. Der zu große Job ist dennoch ein leicht erkennbarer und daher leicht korrigierbarer Fehler. Indizien sind zum Beispiel, dass ein Mitarbeiter häufig Termine versäumt, Fehler macht oder unzuverlässig arbeitet. Der zu kleine Job ist eine „Todsünde"; der zu große Job dagegen eine „lässliche Sünde".

3. Der Schein-Job

Der „Schein-Job" ist eine Art Seuche in Großorganisationen und kommt nur selten in kleinen oder mittleren Unternehmen vor. Mit Schein-Jobs sind Stellen gemeint, in denen zwar durchaus hart gearbeitet wird, die aber die teuflische Kombination von großem Einfluss mit mangelnder Verantwortung aufweisen. Niemand sollte länger als zwei bis drei Jahre in einer solchen Position bleiben dürfen. Danach muss er in eine Linienposition mit klarer und sichtbarer Verantwortung gebracht werden.

4. Der Multipersonen-Job

Diese Jobs sind davon geprägt, dass man nie etwas allein zu Ende bringen kann. Ständig ist man auf Kooperation und Koordination angewiesen, braucht immer noch ein halbes Dutzend Kollegen und dementsprechend viele Sitzungen, bis etwas in die Tat umgesetzt werden kann. Derartiges Arbeiten kann keinen Spaß machen. Die Regel lautet also: Eine Aufgabe sollte von einer Person und ihrer direkten Organisationseinheit erledigt werden können.

5. Jobs mit „ein bisschen von allem"

Dabei handelt es sich um Positionen, die die Menschen zu Verzettelung und Zersplitterung ihrer Kräfte zwingen. Jobs dieser Art lähmen die Menschen, die zwar ständig beschäftigt sind, aber zu keinem Ergebnis kommen werden. Aufgaben sollen groß sein und Mitarbeiter zur Konzentration auf eine Sache anhalten. Dies ist der motivierendste und gleichzeitig der leichteste Weg hin zu Ergebnissen.

6. Der Killer-Job
Dies sind Positionen, die Menschen manchmal buchstäblich umbringen, nicht etwa, weil generell zu viel zu tun ist, sondern weil sie so viele verschiedene Anforderungen stellen, dass ihnen kein gewöhnlicher Mensch gewachsen sein kann.

Positiv formuliert lassen sich Hinweise auf retentionförderliche Job-Designs finden:
- Jobs müssen „groß" sein;
- sie müssen den Menschen konzentrieren und fokussieren;
- sie müssen innere Kohärenz haben und dürfen nicht einfach nur Aggregation zusammenhangloser Tätigkeiten sein;
- sie müssen erlauben, Ergebnisse zu erzielen;
- sie müssen für gewöhnliche Menschen konzipiert sein, die ihren Stärken entsprechend ausgewählt worden sind.[67]

Checkliste Retentionorientierung der Arbeitsgestaltung

O Werden Möglichkeiten geschaffen, damit die Mitarbeiter ihren Job als individuelle Herausforderung wahrnehmen?

O Besitzen Mitarbeiter im Rahmen ihrer Möglichkeiten Handlungsspielräume, die sie nutzen dürfen?

O Werden informelle soziale Kontakte gefördert?

O Unterstützt die Arbeitsgestaltung abwechslungsreiche Tätigkeiten?

O Stimmen Aufgabe, Einfluss und Verantwortung überein?

Abb. 18: Checkliste Retentionorientierung der Arbeitsgestaltung

3.5 Retentionmarketing

„Tue Gutes und rede darüber" – Maßnahmen zur Bindung von Mitarbeitern können nur wirken, wenn die Mitarbeiter sie entweder unmittelbar durch eigene Betroffenheit erleben oder – wenn sie nicht unmittelbar davon betroffen sind – davon wissen und für gut und wichtig einschätzen. Insofern ist ein systematisches Retentionmarketing zwingender Bestandteil eines integrierten Retentionmanagements.

Unter Retentionmarketing ist in diesem Sinne die systematische Nutzung der Instrumente der Kommunikationspolitik zu verstehen, mit dem Ziel, die Wirkung der eingesetzten Maßnahmen durch Schaffung von Transparenz zu unterstützen.

In diesem Sinne sind drei Zielgruppendifferenzierungen vorzunehmen:

- *Alle Mitarbeiter*

    An alle kommuniziert werden sollten grundlegende Werthaltungen im Unternehmen, Darstellung der gewünschten, angestrebten oder schon gelebten Unternehmenskultur, die grundlegende Einstellung des Unternehmens zu seinen Mitarbeitern, die Wertschätzung des Mitarbeiters und seine Rolle im Unternehmensgeschehen. Geeignete Instrumente sind neben den üblichen Broschüren zunehmend die eigene Homepage im Internet und das Intranet für die Mitarbeiter. Letzteres insbesondere dort, wo es um Darstellung einzelner Leistungen wie z.B. zur Vereinbarkeit von Familie und Beruf geht. Aber auch in Geschäftsberichten finden sich Äußerungen zur Haltung des Unternehmens zu seinen Mitarbeitern. Werden sie überhaupt erwähnt, werden sie nur unter rein numerischen Aspekten erwähnt oder gibt es ausdrückliche Danksagungen und Darstellungen herausragender Leistungen. Auch wenn diese Publikationen an Dritte gerichtet sind, so haben sie doch immer auch eine Wirkung bei den Mitarbeitern. Ergebnis dieser Kommunikation ist in erster Linie das Bewusstsein der Mitarbeiter, dass das Unternehmen das Arbeitsverhältnis als gegenseitige – und nicht nur einseitige – Leistungsverpflichtung betrachtet, Fairness und Transparenz zu zentralen Werten im Unternehmen gehören und sich in der Vielfalt personalbezogener Aktivitäten als grundlegende Handlungsmaximen wiederfinden lassen. Träger dieser Kommunikation sind in erster Linie die Unternehmensleitung und die obersten Führungskräfte im Unternehmen.

- *Führungskräfte*

    Die Führungskräfte des Unternehmens sind gemeinsam mit dem Personalmanagement wesentliche Träger des Retentionmanagements. Kommu-

---

67 *Vgl. Malik (2001).*

nikation gegenüber dieser Zielgruppe beinhaltet daher die Information über Sinn und Bedeutung von Retentionmanagement, Wirkungsweisen, insbesondere aber kurz- und langfristigen Folgen mangelnden Retentionmanagements für das Unternehmen. „Reisende soll man ziehen lassen" sollte in einem retentionbewussten Unternehmen keine ernst gemeinte Äußerung mehr sein. In einer zweiten Stufe gilt es, die Führungskräfte mit dem Instrumentarium des Retentionmanagements detaillierter vertraut zu machen und den Blickwinkel bei den als in erster Linie als Sozialleistungen wahrgenommenen Leistungen des Unternehmens auf ihre Bedeutung für die Mitarbeiterbindung zu verschieben. Ferner gilt es, erkannte Besonderheiten ausgewählter und strategisch wichtiger Zielgruppen des Retentionmanagements auf Unternehmensebene gegenüber den Führungskräften transparent zu machen und auf die Bedeutung des unmittelbaren Führungshandelns einzugehen sowie Maßnahmen zu dessen Evaluation und Verbesserung bereitzustellen. Die Kommunikation sollte insbesondere vom Personalmanagement getragen werden und nicht nur einseitig sein, sondern die Möglichkeit zur und das Interesse an der gemeinsamen (Weiter-)Entwicklung des unternehmensspezifischen Retentionmanagements fördern.

■ *Ausgewählte Mitarbeitergruppen und einzelne Mitarbeiter*

Auf der Ebene ausgewählter Mitarbeitergruppen geht es um die zielgruppenspezifische Kommunikation über relevante Maßnahmen und Instrumente des Retentionmanagements. Hier ist mit besonderer Sorgfalt vorzugehen, weil das Herausheben besonderer Zielgruppen zu ungewollten Auswirkungen auf die übrigen Mitarbeiter führen kann.

Auf der Ebene des einzelnen Mitarbeiters geht es um das regelmäßige – und nicht nur anlassbezogene – formelle, aber häufiger auch informelle Gespräch mit wichtigen Leistungsträgern zu allen Fragen seines Arbeitsfeldes und seiner Arbeitssituation mit dem Ziel, eine persönliche Vertrauensgrundlage zu schaffen, die ein individuelles Management retentionrelevanter Maßnahmen ermöglicht. Dies sowohl mit dem verantwortlichen Personalleiter als auch dem Vorgesetzten und der nächsthöheren Ebene.

An dieser Stelle geht Retentionmarketing fließend in das Themenfeld der bindungsorientierten Führung über. Führungskräfte, die ihre Mitarbeiter halten und motivieren wollen, sollten ohnehin das regelmäßige Gespräch suchen. In dem Moment, wo sie aber bindungsrelevante Aspekte und Leistungen ansprechen, ist der Schritt zum Retentionmarketing getan.

Bisher wurden die Handlungsfelder in ihrem Einfluss auf die Retentionfaktoren nur allgemein, d.h. nicht im Branchenvergleich, untersucht (vgl. Kap. 3.4). Erste Forschungsergebnisse zeigen jedoch, dass in unterschiedlichen Branchen die Bedeutung einzelner Maßnahmen sehr unterschiedlichen Einfluss haben. So ist die Bedeutung abwechslungsreicher Arbeit z.B. in der IT-Branche sehr viel bedeutungsvoller als in der etablierten Maschinenbauindustrie. Dies ist u.a. mit der unterschiedlichen Personalstruktur in verschiedenen Branchen zu erklären, also unterschiedlicher Motivation der Mitarbeiter, aber auch mit branchentypischer Organisationsstruktur und branchentypischen Arbeitsabläufen. Solange diese Zusammenhänge noch nicht weiter erforscht sind, ist es sinnvoll, wie es in diesem Kapitel vorgeschlagen wurde.

3.6 Ansatzpunkte für das Retentioncontrolling

Die Hauptaufgaben eines Retentioncontrollings ergeben sich mit den unterschiedlichen Maßnahmen des Controlling-Regelkreises. Auf der Basis gesicherter und regelmäßig abrufbarer Informationen werden Zielgrößen definiert, mit denen das angestrebte Ergebnis der Anwendung einer oder mehrerer Retentionmaßnahmen überprüfbar beschrieben wird. Der Zeitpunkt wird festgelegt, an dem die Zielerreichung überprüft wird.

Zur Überprüfung der Zielerreichung wird zunächst der Ist-Wert der jeweiligen Zielgröße festgestellt. Der Soll-Wert wird mit dem Ist-Wert verglichen, und die Ursachen für mögliche Soll-Ist-Abweichungen werden gegebenenfalls analysiert. Die Analyseergebnisse werden in die Steuerung der Retentionmaßnahmen einbezogen und bei der neuen Zielsetzung beachtet. Das gilt für das strategische wie auch für das operative Retentioncontrolling.

Dieses Vorgehen lässt sich mit den bereits beschriebenen Fluktuationskennziffern zur Eigenkündigung von Leistungsträgern demonstrieren. Diese gehören üblicherweise nicht zu den Unternehmensdaten, die öffentlich gehandelt werden. Deshalb ist eine Benchmark im Wettbewerbsvergleich schwierig, in Konzernzentralen in Form eines Vergleichs einzelner Standorte oder Einheiten jedoch möglich. Unabhängig davon, ob Vergleichskennzif-

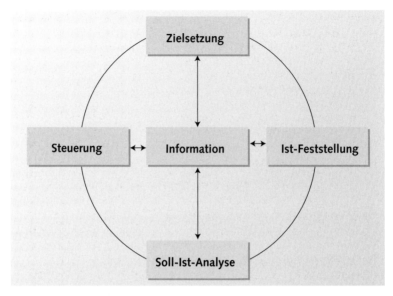

Abb. 19: Controlling-Regelkreis[68]

fern vorliegen oder nicht, kann die Zielsetzung des Retentioncontrollings zum Beispiel lauten, die Fluktuationskosten durch geeignete Retentionmaßnahmen jährlich zu halbieren. Die Fluktuationsrate durch Eigenkündigung als Maß der organisatorischen Stabilität errechnet sich dazu in Prozent aus der Anzahl der Eigenkündigungen im Jahreszeitraum mal 100, dividiert durch die Anzahl der durchschnittlich Beschäftigten (ohne Auszubildende). Für das Retentioncontrolling ist es außerdem wichtig zu erfassen, welche Erfahrungen es beim Einsatz dieser Kennzahl gibt, welche Erfolge es gegeben hat, ob Erfassungsprobleme aufgetreten sind, ob es Best-Practice-Beispiele aus anderen Unternehmen gibt etc. Gemeinsam mit der Fluktuationskostenberechnung ergeben sich die Optimierungspotenziale.

Die Erhebung der retentionrelevanten Leistungs- und Know-how-Träger erfolgt nach der in Kapitel 3.1. beschriebenen Vorgehensweise.

Die jeweiligen Retentionmaßnahmen werden mit ihren jährlich anfallenden Kosten erfasst und den Einsparungen gemäß einem Verfahren zur Fluktuationskostenberechnung gegenübergestellt. Für die Berechnung möglicher Fluktuationskosten bietet sich das nachfolgende Schema an:

Fluktuationskostenberechnung	Bewertung
Minderleistungskosten	
▪ Kosten des bisherigen Mitarbeiters vor, während und nach der Fluktuationsentscheidung (Sinken der Arbeitsleistung, Freistellung des Mitarbeiters)	30 %
Anwerbungskosten	
▪ Kosten für Vorbereitung der Werbung (Werbestrategie, Positionsbeschreibung, Kontakt mit Personalberatern)	2 %
▪ Kosten für Stellenanzeige (bzw. andere Personalwerbungsmethoden)	8 %
▪ Ggf. Honorar für Personal-/Unternehmensberater	20 %
Auswahl- und Einstellungskosten	
▪ Interner Aufwand für Einstellungsinterviews (Interviews, Aufwand für Referenzeinholung, Gespräche mit Beratern, Spesen und Kommunikationskosten)	5 %
Übergangskosten	
▪ Umzugs- und Maklerkosten	5 %
▪ Hotelkosten, Familienheimfahrten, Trennungspauschale ...	5 %
Einarbeitungskosten	
▪ Gehalt und Sozialkosten (bei 50%iger Arbeitsleistung im ersten Jahr sowie Kosten für Aufzehrung anderer Mitarbeiter, die zur Einarbeitung benötigt werden)	50 %
Summe	**ca. 125 %**
jeweils in % eines Jahresgehaltes; dabei sind noch nicht berücksichtigt die anteiligen Kosten aller betroffenen Abteilungen (Personalabteilung, Fachabteilung, Unternehmensleitung, Betriebsrat)	

Abb. 20: Beispiel für eine Fluktuationskostenberechnung[69]

Dieses Kostenvolumen sollte personenbezogen die absolute Obergrenze für den Aufwand an Retentionmaßnahmen darstellen, denn Retention um jeden Preis kann nicht das Ziel sein. Die Kosten-Nutzen-Relation muss im Retentioncontrolling stets im Vordergrund stehen. Es sei aber noch einmal daran erinnert, dass viele der in diesem Buch vorgestellten Retentionmaßnahmen keine Zusatzkosten generieren.

Mit jährlichen Soll-Ist-Vergleichen lässt sich die Wirksamkeit der vorgenommenen Retentionmaßnahmen kontrollieren. Bei Abweichungen können gegebenenfalls weitere Maßnahmen innerhalb des oben genannten Budgetrahmens erforderlich werden.

---

68 *Vgl. DGFP e.V. (2001), S. 26.*
69 *Vgl. www.bwv-verlag.de/download/kolb/abb6-18.ppt*

Eine Vielzahl weiterer Kennziffern lässt sich heranziehen, um die Maßnahmenwirksamkeit des Retentionmanagements zu überprüfen. So lassen sich beispielsweise die Mitarbeiterbewertung der Information und Kommunikation, die Mitarbeitereinschätzung der Vergütungsgerechtigkeit oder gängige Mitarbeitercommitmentindizes heranziehen, um den Bindungserfolg der Retentionmaßnahmen zu überprüfen.[70] Wichtig ist vor allem, die Indikatoren so auszuwählen, dass sie in einem unmittelbaren Zusammenhang zur Unternehmens- und zur Personalstrategie stehen.

Werden sie zudem so definiert, dass sie miteinander verrechenbar sind – wichtig sind hier vor allem eine trennscharfe Definition, eine einheitliche Polung und eine einheitliche Skalierung –, dann wird es möglich, einen Index „Mitarbeiterbindung" zu bilden, dessen Entwicklung im Zeitverlauf interessante Steuerungsinformationen liefern kann. Darüber hinaus kann ein derartiger Index der Mitarbeiterbindung als strategischer Erfolgsprozess in das System eines wertorientierten Personalmanagements einbezogen werden und zu einer umfassenden, strategiegeleiteten und unternehmenswertbezogenen Steuerung des Personalmanagements genutzt werden.[71]

---

70 Vgl. dazu DGFP e.V. (2004), S. 43 f. Vgl. auch DGFP (2001), S. 110 f.
71 Vgl. dazu DGFP e.V. (2004), S. 43 f.

4 Unternehmensbeispiele

4.1 Phoenix Contact, Blomberg[72]

4.1.1 Das Unternehmen

Die Phoenix Contact GmbH & Co. KG ist weltweiter Marktführer für elektronische Interface- und industrielle Automatisierungstechnik. Anfang der 20er Jahre in Essen gegründet, hat das Unternehmen heute eine Belegschaft von etwa 5.300 Mitarbeitern weltweit, wovon mehr als 3.000 am Hauptsitz im ostwestfälischen Blomberg tätig sind. Zur Phoenix-Contact-Gruppe gehören die Gesellschaften Phoenix Electronics, Bad Pyrmont, zur Fertigung von elektronischen Baugruppen in SMT-Technologie, Phoenix Feinbau, Lüdenscheid, zur Fertigung von metallischen Stanz- und Biegeteilen, Phoenix Test-Lab, Blomberg, als unabhängiges Prüfinstitut und Beratungsunternehmen Coninvers, Herrenberg, und KW-Software, Lemgo. Das Produktspektrum umfasst moderne Komponenten und Systemlösungen: Neben einem vielfältigen Programm von Reihen- und Sonderklemmen, Printklemmen und Steckverbindern sowie Interface- und Überspannungsschutz-Bausteinen bieten Hard- und Software-Systeme umfassende Automatisierungslösungen.

Während die Erstellung der Produkte zum Großteil von Blomberg aus gesteuert wird, erfolgt der Vertrieb über ein weltweites Netzwerk mit 32 internationalen Tochtergesellschaften sowie zirka 25 Vertretungen in Europa und Übersee. Dieses weltumspannende Netzwerk sichert Wettbewerbsvorteile und finanzielle Unabhängigkeit.

Vertrauen, Offenheit, Fairness und intensive Kommunikation mit den Mitarbeitern sind bei Phoenix Contact keine Schlagworte, sondern Hauptbestandteil der Unternehmenskultur. Für den vertrauensvollen Umgang und die gegenseitige Wertschätzung haben wir wichtige Grundlagen geschaffen: flache Hierarchien, klare Betriebsabläufe, abteilungsübergreifendes Teamwork, Freiraum für eigenverantwortliches Handeln und ein angenehmes Umfeld. Know-how und Engagement der Mitarbeiter wird mit intensiven Weiterbildungs- und Personalentwicklungsprogrammen gefördert.

72 Ein Beitrag von Klaus Lütkemeier, Personalmanagement, Leiter Beschaffung und Beratung.

Das Erfolgsrezept von Phoenix Contact liegt in dem Bestreben, durch partnerschaftliche Kundenorientierung, innovative Produktentwicklung und unternehmerische Unabhängigkeit auch in Zukunft zu wachsen und als „Global Player" die internationalen Märkte maßgeblich zu prägen.

Das Unternehmen zeichnet ein permanentes Wachstum aus, welches daraus resultiert, dass Phoenix Contact sich jeweils zur richtigen Zeit in neue Technologien und Märkte erfolgreich vorgewagt hat.

Das bedeutet in Zahlen, dass zum Beispiel bis einschließlich 2001 jährlich etwa 150 bis 200 neue Fachkräfte, insbesondere Ingenieure der Fachrichtungen Elektrotechnik, Physik, Maschinenbau und Feinwerktechnik, sowie Facharbeiter für die Mitarbeit gewonnen werden konnten. Nach einem Jahr der Konsolidierung in 2002, in dem auch Phoenix Contact unter der weltweit schlechten wirtschaftlichen Lage litt und kostensenkende Maßnahmen durchführen musste, steigen seit Anfang dieses Jahres erfreulicherweise wieder die Umsätze. Deswegen stellt Phoenix Contact seit dem zweiten Quartal dieses Jahres gegen den Trend wieder in fast allen Bereichen Fachkräfte ein. Folgende Gründe führten bei den Bemühungen um Deckung des Fachkräftebedarfs in der Vergangenheit zu Problemen:

- zu geringes Angebot an Ingenieuren der oben genannten Disziplinen (bis Mitte der 90er Jahre noch akzeptable Absolventenzahlen, aber seitdem deutlicher Rückgang)
- nationale Wettbewerbssituation: Phoenix Contact steht in Konkurrenz zu Großunternehmen mit hohem Ingenieur- und Facharbeiterbedarf
- sehr hoher, oft auftragsbedingt kurzfristiger Bedarf an Fachkräften
- Wettbewerbsnachteile durch unattraktiven Standort (Kleinstadt, die vermeintlich nicht über die kulturellen Vorteile und Infrastruktur eines Ballungszentrums verfügt)
- regionale Wettbewerbssituation: Ein Teil der Wettbewerber befinden sich in unmittelbarer Nähe.

Angesichts dieser Probleme wurde mit dem so genannten „Personalmarketing 2000 plus" ein Konzept für langfristiges, zukunftsorientiertes Personalmarketing entwickelt. Die Ansätze umfassen das externe Marketing im Sinne von Mitarbeitergewinnung und das interne im Rahmen von Mitarbeiterbindung. Retention ist dabei zu einer wichtigen Kernbotschaft geworden.

Phoenix Contact behauptet sich als Markt- und Technologieführer. Beide Komponenten führen unter anderem auch dazu, dass unser wertvollster Partner, der Mitarbeiter, eine attraktive Zielgruppe für dritte Arbeitgeber geworden ist. Aus diesem Grund ist der interne Bindungsansatz als Unternehmensziel groß geschrieben.

4.1.2 Maßnahmen der Mitarbeiterbindung und deren Vernetztheit

4.1.2.1 Mitarbeiterbindung (Bindungsgrundsätze)

Die Bindung interner Mitarbeiter zielt zum einen grundsätzlich darauf ab, ganzheitlich zeitgemäße und moderne Arbeitsbedingungen zu schaffen. Zum anderen werden darauf aufbauende, individuelle Angebote für Mitarbeiter entwickelt („kein Gießkannenprinzip").

Eine Projektgruppe, bestehend aus Mitarbeitern der Abteilungen Personalmanagement und Personalentwicklung, definierte zunächst die zentralen Retentionfaktoren:

- Unternehmens- und Führungskultur
- Arbeitszeitmodelle, Telearbeit (Bestandteil der Work-Life-Balance)
- Perspektive (z.B. Fachleiter- vs. Führungslaufbahn, Führungskräftegewinnung primär aus eigenen Reihen)
- Personalentwicklung
- leistungsorientiertes Entgelt
- Health-Management.

Die Faktoren lassen sich ergänzen um Themen wie Arbeitsplatzsicherheit, Betriebsklima, Sonderkonditionen für Mitarbeiter etc. Letztgenannte resultieren insbesondere aus der empfundenen Verantwortung des Unternehmens für den Standort. Phoenix Contact sieht sich als regional größter Arbeitgeber auch ein Stück weit als Vorbild und möchte gerade für die Menschen der Region (verhältnismäßig häufig Mitarbeiter oder Sympathisanten des Unternehmens) Werte schaffen.

Im Rahmen von Mitarbeiterbefragungen wurden die Stärken und Schwächen aller Faktoren abgefragt und darauf aufbauend gezielte Maßnahmen zur Optimierung entwickelt, die entsprechend der Mitarbeiterbedürfnisse zeitlich priorisiert wurden.

4.1.2.2 Unternehmens-/Führungskultur

Wir investieren viel Energie in die Gestaltung und Weiterentwicklung unserer Führungs- und Unternehmenskultur. Aktiv agierend gestalten wir unsere Zukunft, statt passiv auf äußere Veränderungen zu reagieren. Getreu unserem Leitsatz machen wir dabei „Betroffene zu Beteiligten".

Den Kern des WELL-Prozesses (Ways to Efficient and Lean Leadership) bilden Zielvereinbarungen. Sie sind die Basis für das eigenverantwortliche und selbstbewusste Handeln unserer Mitarbeiter. Unsere Führungskräfte haben die Aufgabe, die Mitarbeiter – wie ein guter Coach im Sport – zu fordern und zu fördern.

1997 begann die unternehmensweite Einführung des Veränderungsprozesses „Führen mit Zielvereinbarungen" – später WELL. Zu allen Mitarbeitern wurde in zahlreichen Veranstaltungen durch einen externen Trainer sowie Mitarbeiter der Personalentwicklung das Thema direkt kommuniziert. Führungskräfte und Prozessbegleiter (Multiplikatoren) wurden ebenfalls intensiv geschult. Die Umsetzung und Weiterentwicklung wird seitdem permanent fortgeführt.

Unternehmenskultur – das sind für Phoenix Contact keine leeren Floskeln, sondern klar formulierte Leitsätze, die täglich an jedem Arbeitsplatz „gelebt" werden. Die Umsetzung dieser Leitlinien kann jederzeit eingefordert werden, und die Inhalte dienen als Grundlage für eigenverantwortliches Handeln.

4.1.2.3 Anreiz- und Kompensationssysteme

Zielgerichtetes Handeln und unternehmerisches Denken sollen sich natürlich auch lohnen. So ist aus dem WELL-Prozess eine außerordentliche, leistungsorientierte Entlohnungskomponente entstanden. Durch das Erreichen der vereinbarten Jahresziele können Mitarbeiter auf allen Ebenen ihr Jahresgehalt um bis zu 4 Prozent steigern. Hiervon sind zunächst ausschließlich die Angestellten des Unternehmens betroffen.

Auch das tarifliche Gehalts- und Leistungsbeurteilungssystem wurde mit Unterstützung von Führungskräften überarbeitet. Statt der tariflichen sechs Gehaltsgruppen wurden fünf zusätzliche betriebliche Gehaltsgruppen eingeführt, um eine differenzierte Bewertung von Tätigkeiten vornehmen zu können. Das tarifliche Leistungsbeurteilungssystem wurde den zeitgemäßen

Ansprüchen angepasst und bietet heute die Grundlage für das jährliche Mitarbeitergespräch.

- *Arbeitszeiten*
Das ursprüngliche Arbeitszeitmodell bestand aus Gleitzeit mit Kernzeiten und starren Pausen. Heute gibt es keine Kernzeit, stattdessen ein Stundenkonto von plus/minus 70 Stunden und frei bestimmbare Pausen. Darüber hinaus hat Phoenix Contact hinsichtlich Teilzeit- und Telearbeit einen Vorstoß machen können. Zum Beispiel ist jede Form der Teilzeit möglich, das heißt, es gibt keine tages- oder stundenbezogene Einschränkung. Sogar im 3-Schicht-Betrieb ist eine variable Gleitzeit-Teilzeit vereinbart worden. In Kombination mit einem sehr ergiebigen Konzept zur Telearbeit bietet Phoenix Contact Mitarbeitern ein hohes Maß an Flexibilität. Im Ganzen bietet das Arbeitszeitsystem von Phoenix Contact ein hohes Maß an unternehmerischem Handlungsspielraum, das gleichzeitig sehr stark auf die einzelnen Bedürfnisse der Mitarbeiter eingeht.

- *Health Management*
„Gesunde Menschen können gute Leistungen erbringen." Phoenix Contact legt sehr viel Wert auf die Gestaltung der Arbeitsplätze seiner Mitarbeiter. Darüber hinaus bietet Phoenix Contact seinen Mitarbeitern präventive Maßnahmen des Gesundheitsschutzes und der Gesunderhaltung. Wir wollen im Idealfall lebenslange Gesundheit, zumindest aber eine altersgemäße Leistungsfähigkeit und Lebensqualität. Wir beteiligen uns finanziell an Mitgliedsbeiträgen in einem Gesundheits-/Fitnessstudio, unterstützen sowohl räumlich als auch finanziell das Angebot von Massagen, bieten Trainings für Mitarbeiter und Führungskräfte an, führen Gesundheitschecks, Impfungen und Beratungen durch etc.

Derzeit beabsichtigen wir, mit geeigneten Partnern aus Sozialversicherung und Wirtschaft nachhaltig die Gesundheitsförderung weiter auszubauen.

4.1.2.4 Personalauswahl und -entwicklung

- *Externes Personalmarketing*
Während noch vor zwei Jahren ein ungebrochener Run auf Ingenieure herrschte, hat sich die Marktsituation inzwischen deutlich verändert, ohne

jedoch leichter geworden zu sein. Zwar trägt die rezessive Personalpolitik der meisten Unternehmen dazu bei, dass die Bewerbungseingänge steigen. Es ist aber auch deutlich spürbar, dass Quantität und Qualität weit auseinander liegen. Das Bedürfnis nach Arbeitsplatzsicherheit hemmt die Wechselbereitschaft der potenziellen externen Bewerber.

Aber auch intern ist diese Entwicklung spürbar. Bei Phoenix Contact werden 98 Prozent aller zu besetzenden Stellen zunächst intern ausgeschrieben. Aber leider wird selten eine Besetzungsquote von über 30 Prozent erreicht. Woran liegt das? Es gilt offensichtlich das gleiche Streben nach Sicherheit.

Um dennoch den Fachbereichen eine adäquate Auswahl an Bewerbern vorzuschlagen, wurde die Zielgruppe zunächst in Absolventen, Berufserfahrene und „alte Weise" aufgesplittet, um eine genaue Ansprache vornehmen zu können.

Für die Gruppe der Absolventen wurden zunächst die gewünschten Hochschulen konkretisiert, um dann eine intensive Zusammenarbeit hinsichtlich folgender Punkte voranzutreiben:
- Vergabe von Entwicklungs- und Lehraufträgen
- Vergabe einer Stiftungsprofessur im Fach Feinwerktechnik
- Etablierung des Phoenix Kolloquiums, eine jährliche Abendveranstaltung an der Fachhochschule Lippe-Höxter, bei der Phoenix Contact die Fachhochschule und die Region zu einem hochkarätigen Vortrag einlädt
- Kooperative Ingenieurausbildung, bei der in Zusammenarbeit mit der Fachhochschule Lippe-Höxter die Qualifikation des Diplom-Ingenieurs parallel zum Facharbeiterbrief erworben werden kann. Phoenix Contact stellt die Studenten entsprechend zum Studium frei.
- Angebote von Exkursionen in das Unternehmen sowie Durchführung von Bewerbertrainings
- Teilnahme an Hochschulmessen mit anschließender Evaluierung (in 2001 Beteiligung an 14 Hochschulmessen)

Folgende (Fach-)Hochschulen kamen hierfür in Frage:
- Hochschulen in der Region (These: eher bodenständig, etwaiger Standortnachteil kann durch gezielte Ansprache dieser Personengruppen zum Standortvorteil werden)

- Hochschulen mit spezifischen inhaltlichen Schwerpunkten, bundesweit
- Hochschulen in Ostdeutschland (These: Studenten/Absolventen sind aufgrund der regionalen Wirtschaftssituation in Ostdeutschland eher mobil)

Im Rahmen des Hochschulmarketings vergibt Phoenix Contact auch Plätze an Werkstudenten (fachbezogene Studenten). Durch die fachbezogene organisatorische Einbindung erreichen diese ein höheres Einkommen als die normalen Aushilfen (bewusste Aufwertung). Den fünf besten Werkstudenten wird die Möglichkeit gegeben, an firmeninternen Seminaren teilzunehmen. Ziel ist es, diesen Kreis durch das Absolvieren von Praktika und Diplomarbeiten an das Unternehmen zu binden (Vorteil: intensives Kennenlernen schon im Vorfeld; direkter, 100-prozentiger Einstieg möglich). Die intensive Betreuung erfolgt unter anderem in der Form, dass für alle Diplomanden und Ehemaligen monatliche Gesprächsrunden stattfinden, um aktuelle Themen zu besprechen oder zu erarbeiten.

Um die Zielgruppe der „Erfahrenen" (und Absolventen) zwischen 30 und 45 Jahren zu erreichen, wurde zum einen auf das Internet gesetzt, da von einer insgesamt hohen Technik-Affinität dieser Zielgruppe ausgegangen werden kann. Im Jahr 1999 schaltete das Unternehmen erstmalig eine eigene HR-Homepage, die 2002 einen Relaunch erlebte und mittlerweile alle Funktionalitäten für Schüler, Praktikanten, Studenten und Bewerber enthält:

- Stellenangebote (Angestellte und gewerbliche Mitarbeiter, Diplomanden, Werksstudenten und Aushilfsjobs sowie Auszubildende und Praktikanten)
- Möglichkeit zur Online-Bewerbung
- Informationen über das Unternehmen und dessen Kultur
- Informationen über Entwicklungs- und Karrierewege
- Events im Rahmen des Personalmarketings

Allein im Zeitraum September bis Dezember 1999 erhielt das Unternehmen auf diesem Weg etwa 150 Online-Bewerbungen. Seitdem ist die Anzahl kontinuierlich gestiegen. Im Jahr 2000 waren 15.000 Zugriffe auf die Homepage

zu verzeichnen, im Jahr 2001 waren es 28.000. Im Jahr 2002 wurde die emotionale Ansprache der Bewerber auf der Homepage verstärkt.
Parallel dazu erfolgte die Platzierung in allen wichtigen Jobbörsen. Diese wurden seitdem kontinuierlich evaluiert, so dass heute nur noch vier Jobbörsen genutzt werden. Auch mit Newsgroups wurde entsprechend zusammengearbeitet.

■ *Qualifizierung*
Das Unternehmen bietet ein breit gefächertes Standardprogramm von über 80 Seminaren (methodische und verhaltensorientierte Seminare, modular aufgebaute Führungsseminare, EDV-Anwenderprogramme etc.) an, welche die Mitarbeiter direkt über das Intranet buchen können. Pro Jahr nehmen mehr als 4.000 Personen an Schulungsmaßnahmen teil. Mit zwei bis drei Seminaren pro Jahr im Angestelltenbereich erreicht Phoenix Contact damit das Dreifache des Branchendurchschnitts.

Der Trend geht derzeit weg von Standardseminaren und hin zu bedarfsorientierten Angeboten, bei denen die Anforderungen durch die Fachbereiche definiert werden. Darüber hinaus runden individuelle Veranstaltungsangebote der Personalentwicklung wie Potenzialworkshops, Leitlinienworkshops, Teamentwicklung, Führungskräfteentwicklung, Coachings, Begleitung von Organisationsveränderungen und Ähnliches das Portfolio ab.

■ *Perspektive*
Die Perspektiven für einzelne Mitarbeiter in der Führungslaufbahn sind vor allem wachstumsbedingt gegeben (neue Zielbranchen, neue Organisationsformen, neue Produktgruppen etc.). Parallel dazu wurde eine Fachlaufbahn entwickelt, die sowohl hierarchisch als auch finanziell mit der Führungslaufbahn gleichgestellt ist.

Definiert wurde diese als Perspektive für hochkarätige Experten auf strategisch wichtigem Feld, in der Regel aber ohne Mitarbeiterverantwortung. Etwa 20 Mitarbeiter arbeiten bereits als Fachleiter, weitere durchlaufen den Entwicklungsprozess dorthin aktuell. Die Grafik verdeutlicht, dass es sich bei der Ausbildung zum Fachleiter um ein Karrierependant zur klassischen Führungslaufbahn handelt.

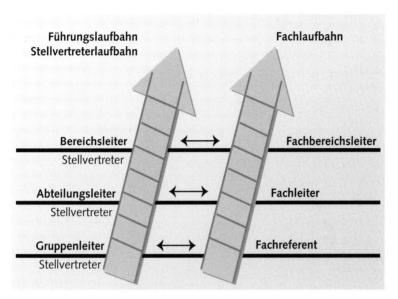

Abb. 21: Führungs- und Fachlaufbahn bei der Phoenix Contact

4.1.2.5 Arbeitsgestaltung unter Berücksichtigung des „WELL-Prozesses"
Mit der Implementierung des WELL-Prozesses im Jahr 1997 und dessen konsequenter Folgeentwicklung – auch in Form der zielorientierten Entgeltkomponente – hat dieses Instrument mittlerweile einen festen Platz in der Zusammenarbeit von Mitarbeitern und Führungskräften als auch in der Wahrnehmung unserer Aufgaben im Arbeitsalltag eingenommen.

Das Instrument der entgeltrelevanten Zielvereinbarung dient dazu, Unternehmensziele in Mitarbeiterziele herunterzubrechen und damit eine Ausrichtung auf den Gesamterfolg des Unternehmens zu erreichen. Der Mitarbeiter wird über die Zielsetzung des Unternehmens informiert und gleichzeitig dazu aufgefordert, seinen persönlichen Beitrag zum Unternehmenserfolg zu leisten. Aus dem Zielvereinbarungsprozess, also von der Zielfindung bis hin zur Zielerreichung, entsteht die Verpflichtung und Chance für Mitarbeiter wie Führungskräfte zu einem konstruktiven Dialog, in dem sie offen über ihre Interessen und gegenseitigen Erwartungen sprechen können. Das beugt Missverständnissen und Fehlentwicklungen vor und fördert einen fairen Umgang.

Diese Kultur des Miteinanderumgehens hat maßgeblich die tägliche Zusammenarbeit geprägt. Insbesondere die erfolgreiche Zielerreichung verschafft der Führungskraft eine differenzierte Aussage über das Potenzial des Mitarbeiters. So kann sie ihn reifegradspezifisch in Form von mehr Verantwortung und Entscheidungskompetenzen fordern, was in der Regel zur Erhöhung der Arbeitsqualität führt. Im Vordergrund steht dabei die Erhöhung der Selbststeuerung, um so die Motivation und Zufriedenheit des Mitarbeiters dauerhaft zu stärken. Die Zusammenarbeit auf dieser Basis hat außerdem einen nützlichen Nebeneffekt: Sie liefert wichtige Informationen für die Personalentwicklung, mit denen die mittel- und langfristige Mitarbeiterentwicklung beziehungsweise -förderung effektiv und zielgerichteter ausgelegt werden kann.

4.1.3 Lessons Learned

Der in den Unternehmensleitlinien klar verankerte Grundsatz des „Vertrauens" führte dazu, dass Arbeitsqualität im Unternehmen automatisch höher bewertet wird. Auch fühlt sich jeder einzelne Mitarbeiter für die Qualität seiner Arbeit in stärkerem Maße verantwortlich und hat dadurch größere Handlungsspielräume zur Verfügung.

Hier schließt sich der Kreis zu dem eingangs vorgestellten Well-Prozess. Dieser ermöglicht es dem Unternehmen, mit seinen Mitarbeitern auf hohem qualitativen Niveau zu kommunizieren und zu arbeiten. Der Prozess sorgt bewusst für Veränderung, steuert diese aber und hilft dem Einzelnen, sich trotz der Unternehmensgröße von 3.100 Mitarbeitern allein am Standort Blomberg zu beteiligen. Auch wenn die Unternehmenskultur in wirtschaftlich angespannten Zeiten, das war für Phoenix Contact in der Form erstmalig zwischen Mitte 2001 und 2002 der Fall, belastet wird, zeigte sie sich doch als Maßstab für die notwendigen kostensenkenden Maßnahmen. Seit Anfang dieses Jahres erfreut sich Phoenix Contact eines zweistelligen Umsatzwachstums, und dass diese Form des Miteinanderumgehens respektiert wurde, bestätigt sich derart, dass ein großer Teil der betroffenen Mitarbeiter wieder bei uns arbeitet.

Die Erfahrungen insbesondere der letzten Jahre haben für Phoenix Contact deutlich gemacht, dass ein integratives Retentionmanagement unausweichlich ist. Der Ansatz, das nach „außen" wirkende Personalmarketing nicht vom internen (Mitarbeiterbindung) zu trennen, hat sich als folgerichtig bewahrheitet. Entsprechend hat auch das Konzept Personalmarketing 2000 plus sich mitentwickelt und in der Summe einen individuelleren Touch bekommen. Unter dem Stichwort „Employer Branding" will Phoenix Contact die Weichen für die Zukunft ausbauen und sich durch Integration (Bsp. Retentionmanagement) bei (zukünftigen) Mitarbeitern einen noch besseren Namen verschaffen.

Insbesondere vor dem Hintergrund der konjunkturellen Lage hat der Rotstift auch bei der Zusammenarbeit mit den Hochschulen nicht Halt gemacht. Allerdings haben wir hier gelernt, die Budgets nicht auf „null" zu fahren, denn nur auf Nachhaltigkeit aufgebaute Partnerschaften sind langfristig erfolgreich.

Dazu zählt sicherlich auch das Engagement für die Region. Für die primäre Mitarbeiterbindung werden jedoch das Arbeitszeit- und das Zielvereinbarungsmodell sowie Qualifizierung und Unternehmenskultur als wesentliche Einflussgrößen gesehen.

Die Modifizierung der Gehaltssystematik wurde durch die Überhitzung des Arbeitsmarktes im Rahmen der Neuen Märkte beschleunigt. Unabhängig davon, ob man solche „Megatrends" und deren Wirkungen erkennt, kann jeder Tag Ignoranz dem Unternehmen viel Geld kosten.

Eine rechtzeitige Auseinandersetzung beugt dem vor.

Die Flexibilisierung der Arbeitszeiten bis hin zur alternierenden Telearbeit kann sowohl in guten als auch schlechten Zeiten ausgleichend und regulierend wirken. Wenn dieser Korridor in Spitzen- oder kritischen Zeiten verlassen wird, sind die Grenzen schnell erreicht und individuelle Maßnahmen notwendig. Sie ermöglichen es jedoch dem Mitarbeiter, im Einzelfall den Beruf in Einklang mit anderen Interessen zu bringen. Die Erfahrung zeigt, dass im Verhältnis nur wenige Mitarbeiter weniger und den verfügbaren Rahmen ausschöpfender arbeiten wollen.

Alle Punkte sind verankert in den Zielen von Phoenix Contact, um ein zukunftsweisendes integriertes Personalmanagement zu ermöglichen. Kontinuität, Anpassungsfähigkeit und der Wille zur ständigen Optimierung schaffen notwendige Voraussetzungen für das „Ich arbeite gerne bei Phoenix Contact!". Und das hören wir häufig auch bei Kündigungen durch Mitarbeiter.

Im Rahmen eines strategischen Konzeptes namens „HR Vision" arbeiten wir bereits jetzt mit den Instrumenten für eine erfolgreiche Zukunft (Zeitstrahl bis 2010) bei Phoenix Contact.

4.2 Maschinenfabrik Reinhausen, Regensburg[73]

4.2.1 Das Unternehmen

Die Maschinenfabrik Reinhausen GmbH (MR) ist Weltmarktführer in der Regelung von Leistungstransformatoren. MR-Produkte werden überwiegend von Energieversorgungsunternehmen, aber auch von großen Industrieunternehmen eingesetzt. Das Unternehmen befindet sich mehrheitlich in Familienbesitz, die Siemens AG ist mit 26 Prozent am Kapital beteiligt.

MR erzielte 2002 einen Jahresumsatz von 184 Millionen Euro. Weltweit sind 1.450 Mitarbeiter beschäftigt, von denen 1.250 am Standort Deutschland und der Rest vor allem in Asien, speziell China, tätig sind. Von den Mitarbeitern in Deutschland sind etwa 500 Angestellte (bei einem Akademikeranteil von ca. 40%, meist Ingenieure der Elektrotechnik) und 750 gewerbliche Mitarbeiter.

Das Unternehmen hat 2001 über 100 Mitarbeiter (die meisten davon Metallfacharbeiter) neu eingestellt. Unter anderem wurden von einem Tag auf den anderen 30 Facharbeiter (Industriemechaniker, CNC-Zerspanungsmechaniker) benötigt. Gleichzeitig wurde für die Belegschaft Mehrarbeit angeordnet. Im Jahr 2002 wurden 53 weitere Mitarbeiter eingestellt, davon 28 im gewerblichen Bereich. Dazu kamen 25 Angestellte, vor allem Ingenieure. Gründe für den Fachkräftebedarf sind

- kontinuierliches Wachstum, insbesondere aufgrund gestiegener Auftragsvolumina aus dem Exportgeschäft (China)
- taggenaue Lieferung (bei großvolumigen Aufträgen muss Personalkapazität schnell hochgefahren werden)
- gewünschte Erhöhung des Frauenanteils („Unterstützung der positiven Unternehmenskultur").

Das Unternehmen steht vor folgenden Herausforderungen bei der Deckung des Fachkräftebedarfs:

- Wettbewerbsnachteile der Region (Regensburg gilt als unattraktiver Standort, Konkurrenz durch Ballungsraum München)
- niedriger regionaler und vor allem überregionaler Bekanntheitsgrad aufgrund der Zurückhaltung in Öffentlichkeitsarbeit und Personalmarketing in der Vergangenheit (dadurch bedingt nur wenige Initiativbewerbungen)
- schlechtes Marktangebot bei Ingenieuren.

Unsere Strategie zielt darauf ab, die benötigten Mitarbeiter durch hausinterne Ausbildung zu entwickeln. Darüber hinaus wird der Erhöhung des Arbeitgeberimages eine wichtige Bedeutung beigemessen. Neben der Professionalisierung des Personalmarketings (Imageanzeigen, Hochschulmessen, Jobbörsen, Praktika etc.) legt MR in Kooperation mit anderen erfolgreichen mittelständischen Unternehmen der Region Förderprogramme für Nachwuchsführungskräfte und Executives auf. Im Bereich der Mitarbeiterbindung kommt der Personalentwicklung durch gezielte Weiterbildung, Entwicklung flexibler Arbeitszeitmodelle sowie der konsequenten Umsetzung von Gruppenarbeit eine hohe Bedeutung zu.

Ebenfalls wichtig: die Umstrukturierung der Personalabteilung in selbständige Mitarbeiter-Teams für einzelne Personalbetreuungsbereiche sowie die Benennung von Ansprechpartnern für Personalfachthemen, wie zum Beispiel Personalmarketing. Im Unternehmen wurde vor zwei Jahren SAP im HR-Bereich eingeführt. Dies erfolgte aufgrund der sorgfältigen Vorbereitung ohne jegliche Einführungsschwierigkeiten. Dieses Jahr wurde in Ergänzung das Personalentwicklungsmodul und Veranstaltungsmanagement in Betrieb genommen. Bedingt durch die ISO-Zertifizierung des Unternehmens gibt es im HR-Bereich drei exakt aufgeschlüsselte Prozesse: den Einstellungs-, Versetzungs- sowie den Weiterbildungsprozess.

4.2.2 Maßnahmen der Mitarbeiterbindung und deren Vernetztheit

4.2.2.1 Bindungsgrundsätze

Wichtig für die Mitarbeiterbindung ist der seit Jahren kontinuierliche wirtschaftliche Erfolg des Unternehmens, das „berechenbare" Management

(Mehrheitsanteile in Familienbesitz, Gewinne werden reininvestiert) und die gute Kommunikation im Unternehmen, da sämtliche wichtigen Funktionen räumlich nah beieinander liegen. Weitere entscheidende Einflussgrößen auf die Mitarbeiterbindung sind neben den Faktoren Image, Kultur und Entwicklungsmöglichkeiten (s.o.) auch die Arbeitszeit- und Entlohnungsmodelle.

Eine Befragung der Mitarbeiter hat unter anderem ergeben, dass das äußere Erscheinungsbild des Unternehmens sowie die regelmäßige Präsenz in der Öffentlichkeit sehr wichtig sind.

4.2.2.2 Führungskultur
Wie sehen die Wunsch-Führungskräfte der MR aus? Diese Frage beantworten Führungsleitsätze, die MR eigens entwickelt hat. Sie dienen auch der Profildefinition für Nachwuchsführungskräfte. Nach einem Vorbereitungstag durch Mitglieder der Geschäftsleitung und der Personalabteilung wurden Meister, Sachbearbeiter und andere an der Entwicklung der Führungsleitsätze beteiligt. Durch eine Einführungsveranstaltung mit einem externen Referenten zum Thema „Führung" sowie durch Plakate und einen Artikel in der Mitarbeiterzeitschrift wurde das Leitbild anschließend im Unternehmen kommuniziert.

Auf der Basis des Leitbildes und der Leitlinien wurde 2003 das systematische Mitarbeitergespräch in allen Ebenen eingeführt. Alle Führungskräfte wurden darauf in Informationsveranstaltungen und Schulungen zum Thema Gesprächsführung vorbereitet. Die Mitarbeiter wurden über Intranet, Betriebsversammlung, Flyer, Plakate und „Gesprächsleitfäden" informiert. Die Einführung erfolgte in drei Teilprojekten:
1. Ausarbeitung und Festlegung des Gesprächsinhalts und -umfangs sowie Entwicklung eines Gesprächsbogens zur Dokumentation in einem bereichs- und hierarchieübergreifenden Team.
2. Planung und Vorbereitung der Umsetzung im Personalbereich.
3. Durchführung der Gespräche bis Ende 2003 durch die direkten Vorgesetzten.

In einem weiteren Schritt ist auch die Beurteilung der Führungskräfte durch die Mitarbeiter vorgesehen.

Im Mitarbeitergespräch ist die tarifvertraglich vorgeschriebene Leistungsbeurteilung integriert. Alle AT-Mitarbeiter sollen künftig jedoch über Zielvereinbarungen geführt werden, die mit variablen Entgeltbestandteilen gekoppelt werden.

4.2.2.3 Anreiz- und Kompensationssysteme

Beim Prämienlohn können die Mitarbeiter die Höhe der Prämie über Output durch eingesetzte Arbeitszeit steuern. Die Prämienkurve sieht explizit nur ein bestimmtes Produktivitätsniveau vor, oberhalb dessen es nur degressive Steigerungsmöglichkeiten gibt. Schließlich sollen die Mitarbeiter nicht „verheizt" werden. Das Prämienlohnsystem ist SAP-gestützt und wurde fast flächendeckend eingeführt, unter anderem auch im Lagerbereich. Obwohl eher ungewöhnlich, konnten auch hier Kenngrößen wie zum Beispiel Lagerentnahmen gefunden werden. Derzeit werden die letzten Zeitlohngruppen in Prämienlohn überführt.

Neben der leistungsbezogenen Komponente enthält der Prämienlohn auch eine verhaltensbezogene. Um hier eine größtmögliche Objektivität zu erzielen, wurden unter Beteiligung der Meister zehn konkrete Fragen entwickelt. Um der Gefahr zu entgehen, dass die Beurteilungen im Lauf der Zeit zu gut ausfallen, wurde eine paritätisch besetzte Lohnkommission ins Leben gerufen (Meister/Vorgesetzte, Betriebsrat, Personalabteilung), die kontinuierlich das Gehaltsgefüge kontrolliert und Höhergruppierungen diskutiert. Hier werden auch Regelungen für leistungsverminderte Mitarbeiter getroffen.

4.2.2.4 Personalauswahl und -entwicklung

■ *Personalrekrutierung*

Das Personalmarketing bedient sich diverser Kommunikationswege. Stellen- und Imageanzeigen werden in regionalen und überregionalen Printmedien veröffentlicht. Durch gefälliges Layout und Beachtung des Corporate Designs konnte ein hoher Wiedererkennungswert geschaffen werden. Die Resonanz auf überregionale Veröffentlichungen ist aufgrund des noch immer geringen Bekanntheitsgrades jedoch verhalten.

Der Internet-Auftritt für den Personalbereich wurde vollständig überarbeitet. Von der Homepage gibt es einen direkten Link zu den HR-Seiten, auf denen tagesaktuell offene Stellen angeboten werden. Die eigenen Internet-Seiten bewirken vor allem Initiativbewerbungen durch Studenten und Praktikanten. Von gewerblichen Mitarbeitern wird diese Möglichkeit noch wenig in Anspruch genommen.

Zudem nutzt das Unternehmen die Jobbörse „Akademiker". Diese stellt zwar eine kostengünstige Möglichkeit dar, verzeichnet aber eine deutlich geringere Resonanz als Anzeigen in den Printmedien.

Die Aktivitäten im Bereich der Hochschulmessen wurden deutlich ausgeweitet. Jährlich ist MR auf zehn regionalen Kontaktmessen vertreten.

Im Hochschulmarketing hat MR den Kontakt zur regionalen Fachhochschule intensiviert. So geben unsere Mitarbeiter zum Beispiel Kurse in CAD. Ebenso wird über eine firmeneigene Stiftung ein Lehrstuhl für Sensorik gesponsert. Gleichzeitig bietet das Unternehmen Studenten der FH über die jeweiligen Dozenten Praktikumsplätze an, die häufig in feste Arbeitsverhältnisse münden. Insgesamt werden pro Jahr etwa 30 Praktikanten für mindestens zwei bis drei Monate eingestellt. Als erstes Auslandspraktikum kann MR seit zwei Jahren eine Stelle in China anbieten.

Zur Gewinnung von Facharbeitern setzt das Unternehmen auf den direkten Kontakt. So wurde 2001 erstmalig eine eigene Bewerbermesse durchgeführt, gestützt durch zwei Zeitungsinserate in der Region sowie in den neuen Bundesländern. An einem Samstag kamen daraufhin über 100 Besucher, die sich für einen Arbeitsplatz bei MR interessierten. Allein durch diese Aktion konnten zwölf Arbeitsverträge abgeschlossen werden, was stark zur positiven Stimmung in der Belegschaft beitrug, die in einer Phase der Mehrarbeit Unterstützung bei der Bewältigung der Arbeit benötigte.

■ *Personalentwicklung und Qualifizierung*

In der MR findet organisierte und informelle Weiterbildung statt. Organisierte Weiterbildung wird durch die zentrale Personalentwicklung koordiniert. Im Angebot ist jegliche bedarfsorientierte Weiterbildung gemäß dem Nachfrageprinzip. Der Bildungsbedarf wird auf verschiedene Weise ermittelt: Organisatorische Veränderungen können Weiterbildung erfordern, Vorgesetzte können Weiterbildungsempfehlungen für ihre Mitarbeiter geben, aber auch Mitarbeiter selbst können ihren Bedarf äußern, der systematisch erfasst wird. Mit Einführung des Mitarbeitergesprächs wurde den Führungskräften ein Instrument an die Hand gegeben, die berufliche Entwicklung der Mitarbeiter in strukturierter Form zu behandeln. Voraussetzung für Weiterbildung ist die Möglichkeit, die neu erworbenen Qualifikationen auch anwenden zu können. Feste Angebote zur beruflichen Entwicklung gibt es nur im Führungskräftebereich. In anderen Bereichen wird die berufliche Entwicklung individuell geplant und umgesetzt.

Im Führungskräftebereich haben sich drei Programme bewährt:
- Traineeausbildung
- Förderprogramm
- General Management Programm.

Die Traineeausbildung und das General Management Programm finden im „Unternehmensverbund mittelständischer Unternehmen der Oberpfalz und Oberfranken" statt – einem Zusammenschluss neun mittelständischer Unternehmen. Die Teilnehmer des Traineeprogramms, Führungsnachwuchskräfte mit drei bis fünf Jahren Berufserfahrung, arbeiten gemeinsam an sehr anspruchsvollen Projektaufgaben, die ein hohes Engagement voraussetzen. Für die Aufgabe werden sie teilweise freigestellt, müssen aber auch eigene Freizeit einbringen. Die Ergebnisse werden abschließend in festlichem Rahmen vorgestellt.

Das General Management Programm richtet sich ausschließlich an die erste und zweite Führungsebene und befasst sich mit Managementlehre und Strategiethemen. Seit 2002 bildet die Maschinenfabrik Reinhausen ihre angehenden Führungskräfte in einem eigenen Förderprogramm weiter. Schwerpunkt ist „Führung und interne Wissensweitergabe". Die Teilnehmer dieses Programms sind in der Regel schon länger im Unternehmen.

Klassische Seminare machen einen Großteil der restlichen Weiterbildungsaktivitäten aus. Die MR verfügt über eine große Bandbreite eigens entwickelter Trainingsmaßnahmen. Im Durchschnitt werden jährlich zirka 50 Inhouse-Schulungen angeboten, die teilweise durch interne, teilweise durch externe Referenten geleitet werden. Dazu kommt eine Vielzahl externer Veranstaltungen, die von unseren Mitarbeitern besucht werden.

Für eine ständige Optimierung des Schulungsangebots ist die Meinung der Seminarteilnehmer und deren Vorgesetzten sehr wichtig. Deshalb findet neben der Seminarbeurteilung per Fragebogen eine Erfolgsbeurteilung von

Weiterbildungsmaßnahmen durch den Vorgesetzten im Rahmen des Mitarbeitergesprächs statt.

Besondere Bedeutung kommt der Integration neuer Mitarbeiter zu. Zur schnellen Einarbeitung und zur Stärkung des Zusammengehörigkeitsgefühls wird für sie eine Einführungsveranstaltung angeboten, in der wichtige Informationen zum Unternehmen vermittelt werden. Für Angestellte gibt es systematische Einarbeitungspläne, die permanent verfeinert werden. Nach fünf Monaten, also noch vor Ende der Probezeit, werden Mitarbeiter und Vorgesetzte durch die Personalabteilung zum Einarbeitungsprozess befragt.

Die betriebsinterne Ausbildung ist die wichtigste Maßnahme zur Deckung des eigenen Fachkräftebedarfs. Das Unternehmen gilt in der Region als sehr guter Ausbildungsbetrieb und erhält regelmäßig Ehrungen der IHK für die „besten Auszubildenden". Fünf hauptberufliche Ausbilder, die permanent weitergebildet werden, und ein gut ausgestattetes Ausbildungszentrum stehen zur Verfügung. Unter anderem bietet MR den seltenen Ausbildungsplatz zum „Zerspanungsmechaniker Dreh- und Frästechnik" an. In diesem Kontext nimmt das Unternehmen aktiv Einfluss auf die Regionalpolitik, um auch die entsprechenden schulischen Ausbildungsmöglichkeiten in der Region zu halten. Sehr aktiv ist das Unternehmen auch in der Vergabe von Schülerpraktika. Von den jährlich 70 Auszubildenden haben zwei Drittel bereits ein Schülerpraktikum bei MR absolviert.

Selbstverständlich findet auch berufsbegleitendes Lernen in allen Bereichen der MR statt. Besonders zu erwähnen ist die Arbeit in Zirkeln mit Querschnittsfunktionen (Qualitätsmanagement) sowie die Zusammenarbeit in verschiedenen Projektteams.

Eine Vielzahl von Zusatzqualifikationen wird ebenfalls angeboten. Sie reichen von der Staplerausbildung bis hin zum berufsbegleitenden Aufbaustudium. Unterstützt werden all diese Aktivitäten durch die Nutzung von SAP im Weiterbildungsbereich, was die Kapazitäten für Beratung, Betreuung und Projektarbeit erhöht.

4.2.2.5 Arbeitsgestaltung

Seit fünf Jahren existiert ein weitgehend flexibilisiertes Arbeitszeitmodell (Gleitzeit ohne Kernzeit). Die Mitarbeiter steuern ihre Anwesenheitszeiten in Arbeitsgruppen selbst (siehe auch Thema Gruppenarbeit). 2002 wurde eine Betriebsvereinbarung zur Nutzung von Langzeitkonten verabschiedet, deren Vorteile zum Beispiel in der Nutzung der Arbeitszeiten für Vorruhestand und Sabbatical sowie in dem damit verbundenen positiven Mitarbeiterbindungseffekt gesehen werden.

Im gewerblichen Bereich wurde Gruppenarbeit sowie ein nahezu flächendeckendes Prämienlohnsystem eingeführt. Der ursprüngliche Ansatz der Gruppenarbeit mit dem Ziel einer kontinuierlichen Verbesserung (KVP) versandete im Laufe der Zeit und wurde Anfang 2002 wiederbelebt. Durch die Bereichsleiter, den Personalleiter und den Betriebsratsvorsitzenden wurden auf einer Informationsveranstaltung die Ziele der Gruppenarbeit vorgestellt, anschließend die Gruppensprecher geschult, alle Kritikpunkte seitens der Belegschaft intensiv diskutiert und die Gruppen selbst mit professionell aufbereiteten Unterlagen ausgestattet. Während früher gerade den Führungskräften der Nutzen der Gruppensprecherrolle nicht klar war, wird diese Rolle heute auf allen Ebenen gut angenommen. Die Gruppensprecher erhalten keine Extravergütung, sondern übernehmen die Aufgabe aus Überzeugung. Die Gruppengespräche werden auf Wunsch der Gruppenmitglieder durch die Personalabteilung unterstützt.

Mit Hilfe der beschriebenen Maßnahmen wurden Mitarbeiter aus den eigenen Reihen so qualifiziert und für die Mitarbeit im Unternehmen motiviert, dass der Fachkräftebedarf gedeckt werden konnte.

4.2.3 Lessons Learned

Unsere verstärkten Anstrengungen beim Personalmarketing und die Fokussierung auf Retentionfragen zeigen deutliche Erfolge. So stieg die Zahl der Initiativbewerbungen in den letzten beiden Jahren um circa 30%.

Die nachweisbar hohen Produktivitätssteigerungen, die durch die Einführung des Prämienlohns erreicht wurden, ermutigen die MR bis 2004 den Prämienlohn auch auf den Wareneingang, Kontrolle und die verbleibenden Lager auszuweiten. Die Anwendungsmöglichkeit auf den Angestelltenbereich wird im Jahr 2004 ebenfalls untersucht.

Etabliert haben sich die Leitlinien als Orientierungsgerüst. Damit sie nicht nur ein Lippenbekenntnis bleiben, sorgen die bereits gestarteten, weiterführenden Projekte:

- Gruppenarbeit
- Mitarbeitergespräch
- Förder- und Executive-Programm.

Das Konzept der Gruppenarbeit wird von den Mitarbeitern umgesetzt und vorangetrieben. Begleitende Unterstützung in Form von regelmäßigen moderierten Treffen von Gruppenmoderatoren und Vorgesetzten ist notwendig.

Die Einführung des Mitarbeitergesprächs verlief sehr erfolgreich. Die Führungskräfte fühlten sich durch die Maßnahmen im Vorfeld gut auf die Gesprächsführung vorbereitet; bei den Mitarbeitern zeigten sich 98% mit dem Mitarbeitergespräch nicht unzufrieden. Neben einer Beurteilung durchgeführter Weiterbildungsmaßnahmen werden im Gespräch zukünftige Maßnahmen vereinbart. Diese werden zentral in einem Weiterbildungsplan erfasst. In Verbindung mit den Personalentwicklungs-SAP-Modulen ermöglicht dies eine sehr effiziente Planung, Durchführung und Kontrolle der gesamten Weiterbildungsaktivitäten.

Große Begeisterung ruft das MR-Förderprogramm hervor. Potenzialträgern wird hier Mitarbeiterführung gemäß unseren Leitlinien vermittelt. Der Schwerpunkt liegt hierbei auf Führung. Im Executive-Programm liegt das Gewicht auf den Themen Strategie und Unternehmensführung.

Als weiterer Baustein zur Untermauerung unserer Leitlinien wird in 2004 gemäß unseren Prinzipien „Mitarbeiterorientierung" und „Ertragspotenziale nutzen" ein Projekt zur Einführung eines Gesundheitsmanagements gestartet werden.

4.3 Sedus Stoll AG, Waldshut[74]

4.3.1 Das Unternehmen

1871 gegründet, erwirtschaftet die Sedus Stoll AG im Jahr 2001 mit rund 1.000 Mitarbeitern einen Umsatz von 132 Millionen Euro. Durch acht europäische Tochtergesellschaften und einen Direktexport weltweit in über 30 Länder beträgt der Exportanteil mehr als 47 Prozent des Umsatzes.

Die Produkte sind: Bürositzmöbel, Kommunikationseinrichtungen, Regenerationsmöbel und Mehrzweckstühle. Wesentlich für die erfolgreiche Geschäftsentwicklung über Branchenniveau waren vor allem die in den vergangenen Jahren eingeführten Produkte der Marke Sedus. Die konsequente Designausrichtung und die Grundhaltung des gesamten Unternehmens, welche Sedus mit dem Credo „Life inspires" verbindet und in allen Produkten zum Ausdruck bringt, führten zu großer Akzeptanz im Markt. Sedus erhält seit Jahren bedeutende Designauszeichnungen und Preise für ihre vorbildliche Produktgestaltung.

Der Fokus auf Innovation in Produktdesign und Technik wird ergänzt durch hochwertige Qualitäts- und Umweltmanagementsysteme (ebenfalls prämiert).

1995 wurde das ursprüngliche Familienunternehmen in die Sedus Stoll AG umgewandelt. Mehrheitsaktionär ist mit 64,454 Prozent die Stoll VITA Stiftung; zudem sind Mitglieder des Führungskreises mit 16 Prozent beteiligt. Der Vorstand besteht inzwischen aus familienexternen Mitgliedern.

Sedus hat aufgrund des Wachstums der vergangenen Jahre einen erheblichen Bedarf an Fachkräften. Im Jahr 2000 stieg die Beschäftigtenzahl um 73 Mitarbeiter, 2001 um 53 Mitarbeiter. Dabei besteht der Bedarf in allen betrieblichen Funktionsbereichen (technische, kaufmännische und IT-Berufe).

Die spezifische Problematik bei der Deckung des Fachkräftebedarfs ist geprägt vom Standort des Unternehmens (im Grenzgebiet zur Schweiz). Das Gehaltsniveau in der Schweiz ist um zirka ein Drittel höher als in Deutschland; die schweizerischen Unternehmen verfolgen zudem eine konjunkturabhängige Arbeitskräftepolitik. Es ist in der Region absolut üblich, als so genannter Grenzgänger zum Arbeiten in die Schweiz zu pendeln.

Gerade für ein mittelständisches Unternehmen wie Sedus ist es nicht möglich, die in der Schweiz üblichen Gehälter zu zahlen. Dies wirkt sich nicht nur in der Rekrutierung aus. Da auch die bestehenden Mitarbeiter durch diese Rahmenbedingungen quasi permanent von Abwerbung und Umorientierung bedroht sind, kommt der Mitarbeiterbindung (Retentionmanagement) eine herausragende Bedeutung zu.

Speziell der Standort Waldshut hat ein weiteres Defizit, nämlich die unzureichende verkehrstechnische Anbindung. Insbesondere von Norden aus anreisende Besucher erleben dies unmittelbar, so dass die meisten Bewerber, die nicht aus der Region kommen, direkt abgeschreckt werden.

---

74 *Ein Beitrag von Dr. Ing. Bernhard Kallup, Vorstandsvorsitzender, und Martin Rochlitz, Personalleiter.*

Die Kernstrategie in der Fachkräftepolitik ist eine hohe Arbeitgeberattraktivität. „Die Story muss stimmen und überzeugen." Sedus will das attraktivste Unternehmen der Branche sein und dadurch die besten Fachkräfte für sich gewinnen.

4.3.2 Maßnahmen der Mitarbeiterbindung und deren Vernetztheit

4.3.2.1 Bindungsgrundsätze

Die Strategie, Personal durch eine hohe Arbeitgeberattraktivität zu binden, ist in den vergangenen Jahren insgesamt aufgegangen, auch wenn für spezifische Fach- und Führungspositionen zum Teil lange Suchprozesse von bis zu einem Jahr erforderlich waren. Zugleich lässt sich diese Strategie jedoch nicht durch ein konkretes Maßnahmenbündel darstellen, das primär im Sinne einer dezidierten Fachkräftepolitik entwickelt wurde; Basis ist vor allem die Erfolgsstory der jüngeren Unternehmensentwicklung.

Die hohe Arbeitgeberattraktivität resultiert zunächst aus einer erfolgreichen Unternehmensstrategie. Wesentliche Elemente sind dabei:

- der wirtschaftliche Erfolg mit hohen Wachstumsraten bei Umsatz und Beschäftigung, steigenden Marktanteilen und zunehmender Internationalisierung
- der klare Fokus auf Innovationsführerschaft in Technologie und Produktdesign, verbunden mit einer hohen Akzeptanz im Markt und in der Fachwelt (dokumentiert u.a. durch zahlreiche Preise)
- modernste Technologien in Entwicklung, Produktion und allen anderen Unternehmensbereichen; gezielte Nutzung der Faszination Technik als wichtiges Element der Arbeitgeberattraktivität
- eine Unternehmenskultur, die sich durch Mitarbeiterorientierung und Mitarbeiterbeteiligung sowie durch eine offene interne wie externe Unternehmenskommunikation auszeichnet.

Von großer Bedeutung ist zudem die spezifische Unternehmensverfassung, insbesondere die langfristige Absicherung der Unternehmensstruktur durch die Mehrheitsbeteiligung der Stoll VITA Stiftung. Diese engagiert sich insbesondere in Fragen der Gesundheit und Ernährung, so dass ein Großteil der ausgeschütteten Erträge gemeinnützigen Belangen zugute kommt. Die Stiftung wirkt wiederum in das Unternehmen hinein, zum Beispiel durch die Verwendung ökologischer Produkte in der neuen, sehr modern und offen gestalteten Kantine.

Die vielfältigen Aktivitäten mit regionalem Schwerpunkt (von einer aktiven Pressearbeit bis zur Durchführung von Veranstaltungen, wie Sitzungen der politischen Gremien der Stadt, in der Unternehmenskantine) dienen letztlich auch dem Bekanntheitsgrad und der Attraktivität des Unternehmens auf dem regionalen Arbeitsmarkt.

4.3.2.2 Unternehmenskultur
Besonderer Wert wird auf eine offene Kommunikation nach innen wie außen gelegt. Durchaus untypisch für Mittelständler werden zum Beispiel alle Zahlen in einem Maße transparent gemacht und veröffentlicht, die über die rechtlichen Pflichten deutlich hinausgehen (u.a. Bilanzpressekonferenzen und ein Geschäftsbericht, der sowohl gedruckt als auch als Download im Internet verfügbar ist). Beim erstmalig in 2001 vergebenen Deutschen Preis für Wirtschaftskommunikation wurde Sedus Gesamtsieger (im Wettbewerb auch mit Großkonzernen). Dabei ist besonders bemerkenswert, dass sich das Unternehmen nicht selbst beworben hatte, sondern die Initiatoren des Preises von selbst auf Sedus „gestoßen" sind.

4.3.2.3 Anreiz- und Kompensationsentwicklung
Sedus gehört seit Jahren zu den Vorreitern der betrieblichen Mitarbeiterbeteiligung. Mitarbeitermotivation, Identifikation mit dem Betrieb und Eigeninitiative sollen durch Aktienbesitz (der Führungskräfte) sowie Mitarbeiterdarlehen und Gewinnbeteiligung gefördert werden. Die Mitarbeiter stellen dem Unternehmen inzwischen mehr als acht Millionen Euro als Darlehenskapital zur Verfügung; dies entspricht zirka zehn Prozent der Bilanzsumme.

4.3.2.4 Personalauswahl und -entwicklung
■ *Bewerbungsgespräche*
Die besondere Herausforderung speziell in der Rekrutierung besteht darin, sowohl im Personalmarketing als auch im konkreten Bewerbungsprozess die „Story" bekannt zu machen und zu vermitteln. Primäres Ziel ist zunächst, eine ausreichende Zahl von Bewerbungen zu generieren (u.a.

durch E-Recruiting) und interessante Kandidaten für ein Bewerbungsgespräch „in der Provinz" zu gewinnen.

Die Bewerbungsgespräche (besser: Bewerbungsbesuche) folgen der Überzeugung, dass das Unternehmen sich bei dem Kandidaten bewerben muss und nicht primär umgekehrt. Die Besuche folgen zunächst dem Ziel, dem Bewerber die „Unternehmensstory" zu vermitteln und ihn von Sedus zu begeistern. Dazu dienen Besichtigungen in allen Unternehmensbereichen, Gespräche mit Führungskräften bis hin zum gemeinsamen Mittagessen in der ökologisch ausgerichteten Kantine. Diese Bewerbungsbesuche nehmen bis zu einem ganzen Tag in Anspruch und erfordern ein hohes Engagement insbesondere der Führungskräfte. Herausragende Kandidaten wurden sogar schon einen ganzen Tag persönlich vom Vorstandsvorsitzenden betreut, um die hohe Attraktivität des Hauses glaubwürdig zu vermitteln. Um positionsspezifische Fragen sowie um den Bewerber selbst geht es dann erst im Folgegespräch.

■ *Investitionen in die Erstausbildung*

Zu der gesamten Fachkräftepolitik zählt ein hohes Engagement in der betrieblichen Ausbildung. Die Ausbildungsquote beträgt 6,5 Prozent.

Das Engagement geht über die eigentliche Ausbildung hinaus:
- enge Zusammenarbeit mit berufsbildenden Schulen zur Verbesserung der Rahmenbedingungen (Schulkonferenz, Lehrerpraktika, Betriebsbesichtigungen, Projektarbeiten u.a.)
- Image-Werbung bei Schülern durch Berufsorientierungstage, „Schnupperlehre", Ferienjobs.

Während der Ausbildung liegt der Fokus auf der Verbreiterung der Lerninhalte und auf neuen, praxisorientierten Lernformen (Projekte, Jahresarbeiten, Exkursionen, z.T. bereits Auslandseinsätze).

Die Bewerbungssituation bei Auszubildenden wird insgesamt noch als zufrieden stellend bezeichnet (durchschnittlich 8 Bewerber pro Ausbildungsplatz). Allerdings sind in einzelnen Ausbildungsgängen, wie zum Polsterer oder Technischen Zeichner, bereits deutlich Engpässe zu verzeichnen.

Angeboten werden auch duale Studiengänge im Rahmen der Berufsakademie.

4.3.3 Arbeitsbedingungen

Die spezifische Fachkräftestrategie von Sedus wird flankiert durch eine kontinuierliche Weiterentwicklung im Personalmanagement, unter anderem mit folgenden Schwerpunkten:

- Einführung von Gruppenarbeit in Fertigung und Logistik inklusive Gruppenentlohnung.
- Flexibles Arbeitszeitmodell mit Zeitkonten.
- Modellversuch Telearbeit.
- Aufbau einer systematischen Personalentwicklung.
- Förderung von Weiterbildung.

Das Beispiel zeigt, dass es im Rahmen eines Retentionmanagements notwendig ist, Maßnahmen der Rekrutierung mit Maßnahmen der Bindung von Mitarbeitern zu kombinieren.

4.3.4 Lessons Learned

Die oben beschriebenen Maßnahmen sind geeignet, die Position des Unternehmens als attraktiver Arbeitgeber weiter zu stärken. Dies ist aufgrund seiner Nähe zum Hochgehaltsstandort Schweiz eine dauerhafte Anforderung, um qualifizierte Fachkräfte binden zu können. Hinsichtlich der Mitarbeiterbindung kann das Unternehmen mit einer durchschnittlichen Betriebszugehörigkeit von 10,5 Jahren tatsächlich eine positive Bilanz ausweisen.

In der Gesamtschau hat die Personalleitung allerdings die Wahrnehmung, dass die Maßnahmen vor allem von Mitarbeitern geschätzt werden, die erst seit kurzem im Unternehmen sind und einen Vergleich zu den Verhältnissen bei anderen Arbeitgebern ziehen können. Bei Mitarbeitern, die schon seit Jahren im Unternehmen sind, sind hingegen Gewöhnungseffekte zu beobachten („Viele der langjährigen Mitarbeitern wissen vielleicht manchmal gar nicht, wie gut es ihnen hier geht").

Es sollte nicht verschwiegen werden, dass die Retentioninstrumente nicht zum Nulltarif zu haben sind. So hat die in 2001 durchgeführte Mitarbeiterbefragung erhebliche Mittel gebunden. Doch die positiven Folgen – in Workshops wurden mit den Mitarbeitern eine Fülle von Verbesserungsmaßnahmen entwickelt und umgesetzt – deuten auf eine hohe „Rentabilität" dieser Investition hin.

Bedingt durch die angespannte wirtschaftliche Lage ist das Thema Arbeitgeber-Attraktivität etwas in den Hintergrund getreten. Doch auch in wirtschaftlich schwierigen Zeiten verliert man die Interessen der Mitarbeiter nicht aus dem Auge: So investiert das Unternehmen weiterhin in die Ausbildung von jungen Menschen und hat seine Ausbildungsquote nicht zurückgefahren. Weiterhin hat Sedus Stoll – um einen Umsatzrückgang zu verkraften – zum Instrument der Kurzarbeit gegriffen und bewusst auf Entlassungen verzichtet. Aus Sicht des Personalmanagements bleibt das Retentionmanagement damit auch in Phasen der gesamtwirtschaftlichen Stagnation wichtig, muss in seiner konkreten Ausformung jedoch im Sinne der Verantwortung gegenüber den Mitarbeitern immer wieder neu durchdacht und angepasst werden.

5 Retentionmanagement für die Zukunft – Schlussbetrachtungen

Das Thema Retentionmanagement ist und bleibt auch in Zukunft aktuell. Mehr denn je lässt sich angesichts der besorgniserregenden demographischen Entwicklung prognostizieren, dass der eigentliche „Krieg" der Unternehmen um die Talente erst einsetzen wird: Wo die Erwerbsbevölkerung ab- und die Wissensintensität der Produktionsprozesse zunimmt, da werden die strategisch relevanten Mitarbeiter zu den entscheidenden Erfolgsfaktoren für Unternehmen; deren Gewinnung, vor allem aber deren Bindung bekommt damit eine überlebenssichernde Bedeutung.

Ermutigend ist, dass ein systematisches Retentionmanagement nicht die Neuerfindung des Rades erforderlich macht. In jedem Unternehmen ist eine Vielzahl von Instrumenten vorhanden, mit denen das Bleiben, das Leisten und die Loyalität der strategisch relevanten Mitarbeiter beeinflusst werden kann. Diese Instrumente auf ihre Wirksamkeit hin zu überprüfen, sie von alten Zöpfen wie überflüssig gewordene Sozialleistungen zu bereinigen und sie hinsichtlich ihrer Effekte zu hinterfragen ist ein wesentlicher Schritt. Erst in zweiter Linie ist es nötig, sich Gedanken über Modifikationen oder Ergänzungen der Instrumentenlandschaft zu machen.

Der in diesem Buch vorgestellte Ansatz unterstützt diese managementorientierte Reflexion mit seiner ganzheitlichen, strategischen Ausrichtung:

- Er zeigt auf, was Mitarbeiter zum Bleiben, Leisten und zur Loyalität im Unternehmen anhält.
- Er integriert diese Erkenntnisse in ein Vorgehensmodell, das idealtypisch die Schritte beschreibt, die bei der strategischen und operativen Annäherung an das Thema zu beachten sind.
- Er liefert die Grundlagen für die argumentative Verankerung des Themas im Unternehmen.

Die Anpassung an die konkreten Unternehmensverhältnisse, die Umsetzung in dessen machtpolitischem Gefüge kann unser Konzept eines Retentionmanagements unterstützen, jedoch in keinem Fall ersetzen.

Mehr noch: Sowenig es ein Standardmodell des Retentionmanagements für alle Unternehmen gibt, genauso wenig kann es unserer Meinung nach eine dauerhaft im Zeitverlauf gültige Empfehlung für ein gutes Retentionmanagement geben. Die Motive der Mitarbeiter, die Rahmenbedingungen und Ziele der Unternehmen verändern sich rasant, die Bedingungen einzelner Branchen unterscheiden sich stark voneinander, so dass es vor allem darauf ankommt, flexibel auf veränderliche Bedingungen zu reagieren.

Es ist von entscheidender Bedeutung, im Sinne eines kontinuierlichen Retentioncontrollings den Erfolg der Maßnahmen und der Konzeption zu überprüfen und sie an veränderte Unternehmensziele anzupassen. Wenn es eine dauerhaft gültige Anforderung an ein unternehmerisches Retentionmanagement gibt, dann die der notwendigen regelmäßigen Selbstevaluation.

So sind aktuell die Veränderungen der Austauschbeziehungen zwischen Mitarbeiter und Unternehmen eine besondere Herausforderung für ein zeitgemäßes Retentionmanagement: Bindung auf Zeit geschieht vor allem dadurch, dass Mitarbeiter die Fähigkeit zum Abnabeln vom Unternehmen aufbauen können. Paradoxerweise wird so die Entwicklung der Beschäftigungs- und Marktfähigkeit der Mitarbeiter zu einem sinnvollen Retentionansatz.

Weiterhin besteht für das Management die aktuelle Herausforderung darin, Veränderungsprozesse mit Auswirkungen auf die Belegschaft zu gestalten und zugleich die Leistungsträger an das Unternehmen zu binden. Gerade dieser Spagat einer atmenden, konjunkturorientierten Personalarbeit erfordert ein kontinuierliches, systematisches Retentionmanagement.

Mit dem vorliegenden Buch möchten wir einen Beitrag für eine strukturierte Konzeption und eine strategisch fundierte Anwendung von Retentionmanagement leisten. Denn eines ist gewiss:

Erfolg in der Zukunft entsteht in der Gegenwart.

Darum lohnt es sich *zu jeder Zeit*,
an der Bindung der richtigen Mitarbeiter zu arbeiten.

6 Anhang

6.1 Fragebogen zur Erfassung von retentionhinderlichen Motivationsbarrieren

Der folgende Fragebogen in Anlehnung an Wunderer/Küpers[75] orientiert sich an den originären Handlungsfeldern des Personalmanagements. Er bietet eine Hilfe, retentionhinderliche Motivationsbarrieren zu ermitteln.[76]

**Fragebogen zur Arbeitsqualität:
Motivationsbarrieren**

Motivation kann auf verschiedene Weise blockiert werden. Wir möchten Sie deshalb in drei Schritten fragen, was Ihre Motivation hinsichtlich der Qualität der Arbeit und Arbeitsbeziehungen gegenwärtig beeinträchtigt.

I. **Umkreisen** Sie zunächst bitte die Nummer der **drei Motivationsbarrieren**, die Sie grundsätzlich persönlich besonders belasten würden; dies unabhängig von der derzeitigen Ausprägung.

II. Bitte **unterstreichen oder ergänzen** Sie dann **in den einzelnen Unterpunkten** der 17 Motivationsbarrieren diejenigen, die für Sie **aktuell** am stärksten zutreffen.

III. Abschließend **bewerten** Sie bitte die **gegenwärtige Stärke** jeder Motivationsbarriere (1–17) (1 = trifft nicht zu, 2 = trifft gering zu, 3 = trifft mittelstark zu, 4 = trifft stark zu, 5 = trifft sehr stark zu).

Selbstverständlich werden Ihre Angaben streng vertraulich behandelt.

---

75 Wunderer et al. (2003), S. 176–178.
76 Vgl. Kapitel 3.3.5.

A) Motivationsbarrieren   1 2 3 4 5
Dimension: Führung

1. **Arbeitskoordination:**
   <u>unklare:</u> Kommunikation/Aufgaben-/Kompetenz-
   Abgrenzung/Zielbestimmung//unproduktive
   Arbeitssitzungen/ungleiche, ungerechte Arbeits-   ❏ ❏ ❏ ❏ ❏
   auslastung//problematische „Schnittstellen"
   mit anderen Organisationseinheiten/ _____

   _____
   _____

2. **Verantwortung:**
   unklar/zu wenig/zu viel/zersplittert/überlagernd/   ❏ ❏ ❏ ❏ ❏
   überlappend/ _____

   _____
   _____

3. **Organisationskultur:**
   Widersprüche zu eigenen Werten/Reden und
   Verhalten differieren/Misstrauenskultur/
   hemmende Bürokratie/Intransparenz/   ❏ ❏ ❏ ❏ ❏
   <u>fehlende:</u> Leistungsorientierung/Innovations-/
   Kooperations- oder Konfliktlösungskultur/
   Fehlertoleranz/ _____

   _____
   _____

4. **Verhältnis zum direkten Vorgesetzten:**
   <u>mangelnde:</u> Fachqualifikation, Motivierung/
   Förderung//Führungsbeziehung
   <u>unbefriedigende:</u> Führungsqualifikation/   ❏ ❏ ❏ ❏ ❏
   Kooperation/Mitsprache/Vorbildfunktion/
   Einhaltung von Zusagen/ _____

   _____
   _____

5. **Verhältnis zum höheren Management:**
   <u>mangelhaftes:</u> mitarbeiterorientiertes Denken,   ❏ ❏ ❏ ❏ ❏
   Handeln/Vorbild/Führungs-, Kommunikations-
   verhalten/Change Management/ _____

   _____

	1	2	3	4	5

6. **Identifikation/Motivation:**
   fehlende Identifikation mit: Leistungsprozessen, Management, Mitarbeitern, Team, Unternehmen, Kunden//besonderes Commitment wurde nicht gewürdigt/enttäuscht/ _____   ❏ ❏ ❏ ❏ ❏

7. **Verhältnis zum Team/zu Teamkollegen:**
   mangelnde: Qualifikation/Motivation/Zusammenarbeit//Gruppenkonflikte/Egoismus/ _____   ❏ ❏ ❏ ❏ ❏

Dimension: Anreiz- und Kompensationssysteme

8. **Anerkennung:**
   unbefriedigende(s): Erfolgszurechnung/Feedback/ Anerkennung besonderer Leistungen// schlecht bewertetes Arbeitsergebnis *unfaire:* Kritik/ _____   ❏ ❏ ❏ ❏ ❏

9. **Honorierung:**
   fehlende: Markt-/Leistungsgerechtigkeit//zu hohes Einkommensgefälle zwischen Bereichen oder Hierarchien/Intransparenz
   unzureichende, demotivierende: Anreizsysteme/ Leistungs- und/oder Erfolgsbeteiligung/ _____   ❏ ❏ ❏ ❏ ❏

Dimension: Personalpolitik, Personalentwicklung

10. **Unternehmens- und Personalpolitik:**
    intransparent/widersprüchlich/ständig wechselnd//fehlende bzw. inkonsequente: Konzeption/Umsetzung oder Integration mit Unternehmenspolitik/ _____   ❏ ❏ ❏ ❏ ❏

                                                            1   2   3   4   5
11. **Perspektiven:**
    wenig zukunftsorientierte: Unternehmensvision
    bzw. -strategie   ❑   ❑   ❑   ❑   ❑
    zu wenig: neue, herausfordernde Aufgaben/
    Entwicklungschancen/Aufstiegsmöglichkeiten/

    _____

               Dimension: Arbeitsgestaltung
12. **Arbeitsinhalt:**
    nicht: herausfordernd/sinnvoll/vielfältig/
    lernfördernd/ganzheitlich   ❑   ❑   ❑   ❑   ❑
    zu: unbestimmt/unter-/überfordernd/monoton//
    stark verändernd//kein Spaß/ _____

    _____

13. **Ressourcen:**
    ungenügende(s): Budget/Arbeitsplatzausstattung/
    Informationszugänge/Anzahl oder Qualität   ❑   ❑   ❑   ❑   ❑
    von Mitarbeitern/_____

    _____

14. **Arbeitsdurchführung**
    ungünstige: Arbeitsbedingungen/Arbeitsprozesse/
    zu großer Zeitdruck bzw. Zeitmangel/   ❑   ❑   ❑   ❑   ❑
    unbefriedigender Leistungserfolg/_____

    _____

15. **Verhältnis zu anderen Abteilungen:**
    Abhängigkeiten/Zielkonflikte/gestörte Ko-
    operation/unzureichende Aufgabenabgrenzung/   ❑   ❑   ❑   ❑   ❑
    ungleiche Erfolgs- und Anerkennungschancen//
    Anonymisierung durch Virtualisierung/ _____

    _____

1	2	3	4	5

16. **Einflüsse *auf* das persönliche Leben**
    fehlende Balance zwischen Arbeit und Freizeit/
    Beeinträchtigung des Familienlebens/Gefährdung
    physischer und psychischer Gesundheit   ❏ ❏ ❏ ❏ ❏

    _____
    _____

17. **Sonstige Motivationsbarrieren:**

    - **Einflüsse aus dem persönlichen Leben:**
      private Belastungen//Konflikte mit:
      Lebensplanung bzw -gestaltung/_____

      _____
      _____

    - **Wirtschaftliche Situation:**
      Fehlen von: Unternehmenserfolg/
      Arbeitsplatzsicherheit/
      Produkt- oder Branchenprobleme   ❏ ❏ ❏ ❏ ❏

      _____
      _____

    - **Externe Beziehungen:**
      schwieriges Verhältnis zu:
      Kunden/Lieferanten/Behörden

      _____
      _____

    - **Weitere Motivationsbarrieren:**

      _____
      _____
      _____

B) Bilanz		1	2	3	4	5
Wenn Sie Bilanz ziehen, wie stark sind Sie insgesamt durch Ihre Arbeit: (1 = sehr gering/unbedeutend; 2 = gering; 3 = mittel; 4 = stark; 5 = sehr stark)	motiviert	❏	❏	❏	❏	❏
	durch Motivationsbarrieren eingeschränkt	❏	❏	❏	❏	❏
	im Vergleich zum vorherigen Jahr stärker eingeschränkt	❏	❏	❏	❏	❏

C) Verluste

Wie hoch schätzen Sie Ihren durchschnittlichen Verlust von:

a) Spaß an der Arbeit, Arbeitsfreude, Energie _____ %

b) Produktivität, Arbeitsleistung durch die Motivationsbarrieren _____ %

D) Sinnhaftigkeit

Haben Sie das Gefühl, eine sinnvolle Tätigkeit auszuüben? Zu _____ % Ja

Abb. 22: Fragebogen zu Motivationsbarrieren in Anlehnung an Wunderer et al. 2003

6.2 Fragebogen zur Erfassung des Zusammenhangs von Unternehmenskultur und Commitment[77]

6.2.1 Vorbemerkung

Der nachfolgend aufgeführte Fragebogen ermöglicht es, die Kultur eines Unternehmens zu typisieren und das Ausmaß der vorherrschenden Commitmentart zu bestimmen. Er basiert auf den Überlegungen des Kapitels 3.2.2, in dem die Beziehung von Unternehmenskultur und Commitment dargestellt wird.

In Kapitel 6.2.2 wird die Fragebogenversion vorgestellt, die den zu Befragenden ausgehändigt wird. Kapitel 6.2.3 enthält Hinweise zur Auswertung des Fragebogens aus unterschiedlichen Perspektiven: Kapitel 6.2.3.1 verdeutlicht, welche Kulturtypen und welche Retentionfaktoren den einzelnen Fragen zuzuordnen sind. Kapitel 6.2.3.2 enthält Hinweise zur Auswertung der

Wertekongruenz und der Retentionfaktoren Wertschätzung und Fairness. Kapitel 6.2.3.3 zeigt Auswertungsmöglichkeiten mit Blick auf die Handlungsfelder des Personalmanagements auf. Kapitel 6.2.3.4 verdeutlicht Auswertungsmöglichkeiten bezogen auf die Unternehmenskulturtypen und 6.2.3.5 bezogen auf die Voraussetzungsdimension für affektives Commitment.

6.2.2 Fragebogenversion für Befragte

Der Zusammenhang zwischen der Unternehmenskultur und Commitment

Der vorliegende Fragebogen möchte den Zusammenhang zwischen der Kultur Ihres Unternehmens und Ihrer Bereitschaft als Arbeitnehmer, sich langfristig im Unternehmen zu engagieren, erforschen.

Beantworten Sie jeden Aussagekomplex des Fragebogens bitte in zwei Schritten: Konzentrieren Sie sich im ersten Schritt bei jeder Frage ausschließlich auf die jeweils oberste Aussage (A.) und bewerten Sie, inwieweit Sie dieser in Bezug auf Ihr Unternehmen zustimmen oder nicht.

Behalten Sie die oberste Aussage in Erinnerung und bewerten Sie auf deren Grundlage im zweiten Schritt die unteren vier Aussagen (B.) wiederum nach Ihrer Zustimmung. Sehr wichtig ist jetzt jedoch, dass die Bewertung der vier Aussagen zusammen genau 100 Punkte ergibt. Das heißt, überlegen Sie, welcher Aussage Sie in Bezug auf Ihr Unternehmen am meisten zustimmen, und vergeben Sie ihr die höchste Punktzahl. Verteilen Sie die restlichen Punkte je nachdem, wie stark Sie den anderen Aussagen zustimmen. Achten Sie bitte lediglich darauf, dass die Bewertung der unteren vier Aussagen zusammen die 100 Punkte ergibt.

Inwieweit Sie den Aussagen zustimmen oder nicht, können Sie in der Skala unter der jeweiligen Aussage angeben. Wenn Sie der Aussage eher nicht zustimmen, dann kreuzen Sie eine der niedrigeren Zahlen an, während Sie bei Zustimmung eher eine höhere Zahl ankreuzen. Die nachfolgende Skala verdeutlicht dies noch einmal:

Ich stimme nicht zu.										Ich stimme zu.
0	10	20	30	40	50	60	70	80	90	100

Wir möchten uns herzlich bei Ihnen für die Beantwortung des Fragebogens bedanken.

---

77 Wir danken Steffen Göckel für seine Mitarbeit an der Weiterentwicklung des „Okay"-Fragebogens der O&P Consult AG und seiner Auswertung im Rahmen seiner Diplomarbeit, die er am Institut für Soziologie der Universität Heidelberg verfasst hat.

1. Wertekongruenz

A. Die Bindung an mein Unternehmen basiert in erster Linie auf der Übereinstimmung zwischen meinen Werten und jenen meines Unternehmens.

Ich stimme nicht zu.   Ich stimme zu.

0	10	20	30	40	50	60	70	80	90	100

B. In meinem Unternehmen werden die Werte Hilfsbereitschaft, Teamwork, individuelle Selbstentfaltung und/oder Loyalität besonders geschätzt.

0	10	20	30	40	50	60	70	80	90	100

In meinem Unternehmen werden die Werte Anpassungsbereitschaft an Veränderungen, Risikofreude, Flexibilität und/oder Entschlossenheit besonders geschätzt.

0	10	20	30	40	50	60	70	80	90	100

In meinem Unternehmen werden die Werte Stabilität, Zuverlässigkeit, Effizienz und/oder Sicherheit besonders geschätzt.

0	10	20	30	40	50	60	70	80	90	100

In meinem Unternehmen werden die Werte Durchsetzungswille, Wettbewerbsdenken, Produktivität und/oder Gewinnermentalität besonders geschätzt.

0	10	20	30	40	50	60	70	80	90	100

2. Führung
2.1 Aufgabenfelder der Führungskraft

A. Meine Führungskraft verhält sich hilfsbereit, wenn ich ein besonderes Bedürfnis habe.

Ich stimme nicht zu.   Ich stimme zu.

0	10	20	30	40	50	60	70	80	90	100

B. Führungskraft als Pionier und Vorbild: Meine Führungskraft fördert Selbstverantwortung, Kreativität und/oder Zukunftsorientierung.

0	10	20	30	40	50	60	70	80	90	100

Führungskraft als Mentor und Coach: Meine Führungskraft schenkt Beachtung, bindet in Entscheidungsfindung ein und/oder motiviert.

0	10	20	30	40	50	60	70	80	90	100

Führungskraft als „Macher": Meine Führungskraft fördert und fordert zielorientierte, autonome Entscheidungsfreude bei den Mitarbeitern sowie Kunden- und Wettbewerbsorientierung.

0	10	20	30	40	50	60	70	80	90	100

Führungskraft als Koordinator: Meine Führungskraft fördert einen reibungslosen, kontrollierten und effizienten Produktionsablauf. Dies unterstützt sie durch Organisation, Verwaltung und/oder Koordination der Prozesse.

0	10	20	30	40	50	60	70	80	90	100

2.2 Verhalten der Führungskraft

A. Meine Führungskraft schenkt den Leistungsträgern im Unternehmen die meiste Beachtung.

Ich stimme nicht zu.   Ich stimme zu.

0	10	20	30	40	50	60	70	80	90	100

B. Meine Führungskraft fordert eine positive Einstellung zum Wettbewerb. Sie gibt eine klare Zielrichtung vor und lässt sich an den eigenen Erfolgen messen.

0	10	20	30	40	50	60	70	80	90	100

Meine Führungskraft fordert Loyalität und deckt Ineffizienzen auf. Außerdem behütet sie die vorhandenen Strukturen, wodurch sich Sicherheit und stabile Arbeitsrahmenbedingungen ergeben.

0	10	20	30	40	50	60	70	80	90	100

Meine Führungskraft motiviert und vermittelt Spaß an der Arbeit. Gleichzeitig fördert sie Experimentierfreude, selbst wenn dadurch Fehler entstehen.

0	10	20	30	40	50	60	70	80	90	100

Meine Führungskraft stellt sich in den Dienst der Gesamtheit bzw. des Teams und kann wenn nötig in Frage gestellt werden. Innerhalb der Teamarbeit sind Mitarbeiter der Führungskraft gleichgestellt.

0	10	20	30	40	50	60	70	80	90	100

3. Anreizsysteme
3.1 Erfolgskriterien

A. Ich bin wirklich daran interessiert, dass das Unternehmen erfolgreich ist, da mein eigenes Berufsleben mit dem Schicksal des Unternehmens verknüpft ist.

Ich stimme nicht zu.   Ich stimme zu.

0	10	20	30	40	50	60	70	80	90	100

B. Verbesserungen im Arbeitsklima werden als Erfolg gewertet. Dabei sind Mitarbeiterzufriedenheit, Partizipation, Teamarbeit und/oder soziales Engagement wichtige Erfolgskriterien.

0	10	20	30	40	50	60	70	80	90	100

Entwicklungen von Innovationen werden als Erfolg gewertet. Dabei sind neue, originelle Produkte bzw. Dienstleistungen, Kreativität, Wachstum und/oder Veränderungsbereitschaft wichtige Erfolgskriterien.

0	10	20	30	40	50	60	70	80	90	100

Die Effizienz der Abläufe wird als Erfolg gewertet. Dabei sind Zuverlässigkeit, reibungslose Abläufe, niedrige Kosten und/oder Konstanz wichtige Erfolgskriterien.

0	10	20	30	40	50	60	70	80	90	100

Der kontinuierlich wachsende Marktanteil wird als Erfolg gewertet. Dabei sind der Gewinn neuer Kunden, die Verdrängung der Konkurrenz und/oder ein sicherer, vertrauender Kundenstamm wichtige Erfolgskriterien.

0	10	20	30	40	50	60	70	80	90	100

3.2 Leistungsanreize

A. Ich möchte zusätzliches Engagement, welches die herkömmlichen Anforderungen übertrifft, für das Unternehmen zeigen, da meine Leistung gerecht entlohnt wird.

Ich stimme nicht zu.   Ich stimme zu.

0	10	20	30	40	50	60	70	80	90	100

B. Leistungsanreize sind vor allem immaterieller Art: Das Anreizsystem ist teamspezifisch zugeschnitten und beinhaltet beispielsweise Weiterbildungsmöglichkeiten, gemeinsame Feiern und/oder Feedback von anderen.

0	10	20	30	40	50	60	70	80	90	100

Leistungsanreize sind materieller und immaterieller Art: Das Anreizsystem ist nicht detailliert ausgearbeitet und beinhaltet beispielsweise Gewinnbeteiligungen durch erbrachte Ideen und/oder Weiterbildungsmöglichkeiten.

0	10	20	30	40	50	60	70	80	90	100

Leistungsanreize sind vor allem materieller Art: Das Anreizsystem ist klar strukturiert und beinhaltet beispielsweise Gewinnbeteiligungen durch erbrachte Leistung und/oder zusätzliche Prämien durch verkaufte Produkte.

0	10	20	30	40	50	60	70	80	90	100

Leistungsanreize sind fast nur materieller Art: Das Anreizsystem ist ausgearbeitet, transparent und beinhaltet beispielsweise Hierarchieverbesserungen, Titel und/oder höhere Gehaltsstufen bzw. Positionen.

0	10	20	30	40	50	60	70	80	90	100

3.3 Gehaltsfindung

A. Die Entlohnung ist gerecht, da sie sich am Arbeitsengagement des Mitarbeiters orientiert.

Ich stimme nicht zu.   Ich stimme zu.

0	10	20	30	40	50	60	70	80	90	100

B. Die Höhe der Vergütung wird von Teamzielen abgeleitet. Belohnt wird der Beitrag des gesamten Teams zum Unternehmenserfolg.

0	10	20	30	40	50	60	70	80	90	100

Die Höhe der Vergütung wird von Projektzielen abgeleitet. Der Einzelne kann sich durch das Einbringen von innovativen Ideen Prämien sichern.

0	10	20	30	40	50	60	70	80	90	100

Die Höhe der Vergütung wird von individuellen Umsatzzielen abgeleitet. Die Entlohnung der Einzelleistung orientiert sich daran, wie sich das Produkt am Markt durchsetzt.

0	10	20	30	40	50	60	70	80	90	100

Es werden für die verschiedenen Positionen feste, transparente Gehaltsstufen kommuniziert. Während das Grundgehalt zugesichert wird, gibt es kaum darüber hinausgehende Prämiensysteme.

0	10	20	30	40	50	60	70	80	90	100

4. Personalentwicklung
4.1 Arbeitsplatzsicherheit

A. Ich finde es fair, dass mein Arbeitsplatz sicher ist, da ich meine Aufgaben im Unternehmen zuverlässig erledige.

Ich stimme nicht zu.   Ich stimme zu.

0	10	20	30	40	50	60	70	80	90	100

B. Es herrscht eine hohe Arbeitsplatzsicherheit durch den starken Einfluss von Betriebsrat und Gewerkschaft. Detailliert ausgearbeitete und gerechte Vorschriften regeln die Auflösung von Beschäftigungsverhältnissen.

0	10	20	30	40	50	60	70	80	90	100

Flexibilität wird geschätzt, es können auch interessante Aufgabenfelder außerhalb des Unternehmens wahrgenommen werden. Der Erfolg des Projekts entscheidet darüber, ob der Arbeitsplatz sicher ist.

0	10	20	30	40	50	60	70	80	90	100

Eine Kündigung erfolgt nur bei absoluter Notwendigkeit bzw. bei schwerwiegenden Gründen, welche dann offen kommuniziert werden. Insofern ergibt sich eine hohe Arbeitsplatzsicherheit.

0	10	20	30	40	50	60	70	80	90	100

Der Erfolg des Unternehmens am Markt und der Erfolg des einzelnen Mitarbeiters innerhalb des Unternehmens sind entscheidend für die Arbeitsplatzsicherheit.

0	10	20	30	40	50	60	70	80	90	100

4.2 Anstoß für Personalentwicklung/Weiterbildung

A. Die Unternehmensführung würde meiner vernünftigen Bitte nach Weiterbildungsbedarf nachkommen.

Ich stimme nicht zu.   Ich stimme zu.

0	10	20	30	40	50	60	70	80	90	100

B. Jeder kann Weiterbildungsbedarf anmelden, wodurch die Weiterbildung individuell zugeschnitten wird. Man orientiert sich am Potenzial des Mitarbeiters. Die Personalentwicklung erfolgt meist systematisch.

0	10	20	30	40	50	60	70	80	90	100

Jeder entscheidet selbst über Weiterbildungsbedarf. Meistens erfolgt die Personalentwicklung unsystematisch, individuell und richtet sich nach aktuellen Projekterfordernissen.

0	10	20	30	40	50	60	70	80	90	100

Weiterbildung erfolgt, wenn es dem Unternehmenserfolg zugute kommt. Ziel der Personalentwicklung ist die verbesserte Umsetzung der Unternehmensstrategie mit dem Fokus Kundenorientierung.

0	10	20	30	40	50	60	70	80	90	100

Die Unternehmensführung entscheidet über, verwaltet und steuert die Weiterbildung. Die Personalentwicklung erfolgt insofern sehr systematisch, und oft betrifft die Weiterbildung gesamte Abteilungen.

0	10	20	30	40	50	60	70	80	90	100

4.3 Qualifikationen

A. Das Unternehmen möchte mir das bestmögliche Tätigkeitsfeld anbieten, für welches ich qualifiziert bin.

Ich stimme nicht zu.   Ich stimme zu.

0	10	20	30	40	50	60	70	80	90	100

B. Das Unternehmen schätzt folgende Qualifikationen an mir: soziale Kompetenz und/oder Weiterentwicklung der Persönlichkeit durch Teambildungsprozesse.

0	10	20	30	40	50	60	70	80	90	100

Das Unternehmen schätzt folgende Qualifikationen an mir: Verbesserung der Methodenkompetenz durch Verkaufstrainings und/oder Kundenorientierung.

0	10	20	30	40	50	60	70	80	90	100

Das Unternehmen schätzt folgende Qualifikationen an mir: Verbesserung der Fachkompetenz zur Identifikation von Fehlerquellen und/oder Optimierung von Prozessen.

0	10	20	30	40	50	60	70	80	90	100

Das Unternehmen schätzt folgende Qualifikationen an mir: Entwicklung der Fach-, Methoden- und/oder sozialen Kompetenz durch Learning on the Job.

0	10	20	30	40	50	60	70	80	90	100

4.4 Karriere

A. Ich empfinde es als fair, dass mir die Führung viele Möglichkeiten bereitstellt, damit ich Karriere im Unternehmen machen kann.

Ich stimme nicht zu.   Ich stimme zu.

0	10	20	30	40	50	60	70	80	90	100

B. Karriere bedeutet, über einen längeren Zeitraum andauernde Führungsaufgaben in einem gut funktionierenden Team wahrzunehmen.

0	10	20	30	40	50	60	70	80	90	100

Karriere wird vor allem am Aufstieg innerhalb der Unternehmenshierarchie festgemacht und richtet sich nach klar festgelegten und nachvollziehbar kommunizierten Auswahlprozessen.

0	10	20	30	40	50	60	70	80	90	100

Karriere wird vor allem an den steigenden Kriterien Umsatz, Kundenzufriedenheit und/oder Gehalt in Relation zur erbrachten Leistung gemessen.

0	10	20	30	40	50	60	70	80	90	100

Karriere bedeutet nicht das Erreichen höherer Positionen, sondern knüpft an die Übertragung kontinuierlich wachsender Eigenverantwortung.

0	10	20	30	40	50	60	70	80	90	100

5. Arbeitsgestaltung
5.1 Ziele der Arbeitsgestaltung

A. Das Unternehmen versucht, mein Aufgabenfeld so interessant wie möglich zu gestalten.

Ich stimme nicht zu. Ich stimme zu.

0	10	20	30	40	50	60	70	80	90	100

B. Die Ziele der Arbeitsgestaltung charakterisieren sich durch Teamwork, Konsens und/oder Partizipation.

0	10	20	30	40	50	60	70	80	90	100

Die Ziele der Arbeitsgestaltung charakterisieren sich durch individuelle Risikobereitschaft, Innovation, Autonomie und/oder Einzigartigkeit.

0	10	20	30	40	50	60	70	80	90	100

Die Ziele der Arbeitsgestaltung charakterisieren sich durch streng geführte Wettbewerbsfähigkeit, hohe Anforderungen und/oder Leistung.

0	10	20	30	40	50	60	70	80	90	100

Die Ziele der Arbeitsgestaltung charakterisieren sich durch Schutz der Arbeitnehmer, vorhersehbare Strukturen und/oder Stabilität.

0	10	20	30	40	50	60	70	80	90	100

5.2 Arbeitsklima

A. Das Unternehmen kümmert sich um meine generelle Zufriedenheit bei der Arbeit.

Ich stimme nicht zu. Ich stimme zu.

0	10	20	30	40	50	60	70	80	90	100

B. Das Arbeitsumfeld ist dynamisch, anpassungsfähig und kreativ. Der Einzelne ist zu einem hohen persönlichen Einsatz auch anderen Mitarbeitern gegenüber bereit, weshalb ein freundliches Arbeitsklima herrscht.

0	10	20	30	40	50	60	70	80	90	100

Die Arbeitsatmosphäre ist von Wettbewerb geprägt. Auch innerhalb des Unternehmens spornt das Konkurrenzdenken zu Leistungen an, weshalb ein raues Arbeitsklima herrscht.

0	10	20	30	40	50	60	70	80	90	100

Die Konzentration auf das Abarbeiten eigener Aufgaben gegenüber bereichsübergreifender Zusammenarbeit genießt höchste Priorität, weshalb ein nüchternes Arbeitsklima herrscht.

0	10	20	30	40	50	60	70	80	90	100

Die Atmosphäre im Unternehmen wird durch Ausgeglichenheit, Hilfsbereitschaft und/oder Fokus auf die Mitarbeiter charakterisiert, weshalb ein familiäres Arbeitsklima herrscht.

0	10	20	30	40	50	60	70	80	90	100

5.3 Hierarchiestrukturen

A. Ich fühle mich geehrt, wenn das Unternehmen meine Leistungen durch einen Aufstieg in der Hierarchie würdigt.

Ich stimme nicht zu.   Ich stimme zu.

0	10	20	30	40	50	60	70	80	90	100

B. Es gibt stabile Teamstrukturen mit flachen Hierarchien, wodurch bereichsübergreifend zusammengearbeitet wird. Selbst die Tür des Chefs steht jedem offen.

0	10	20	30	40	50	60	70	80	90	100

Es gibt eine klare Hierarchie mit hoher Eigenverantwortung, weshalb bereichsübergreifende Zusammenarbeit selten erfolgt. Ein rascher Auf- und Abstieg in der Hierarchie ist möglich, jedoch abhängig vom Erfolg am Markt.

0	10	20	30	40	50	60	70	80	90	100

Teamzusammensetzungen bzw. Kooperation verschiedener Teams ändern sich je nach Idee und Bedarf sehr schnell. Hierarchien sind deshalb sehr flach.

0	10	20	30	40	50	60	70	80	90	100

Es gibt eine klare Aufteilung in viele Hierarchieebenen. Einzelarbeit innerhalb von Bereichen und Abteilungen steht bereichsübergreifender Zusammenarbeit dominierend gegenüber.

0	10	20	30	40	50	60	70	80	90	100

5.4 Entscheidungsprozesse

A. Ich kann meinen Beitrag zum Unternehmen leisten, da das Unternehmen meine Meinung respektiert.

Ich stimme nicht zu.   Ich stimme zu.

0	10	20	30	40	50	60	70	80	90	100

B. An Stelle von Konsensentscheidungen trifft je nach vereinbartem Ziel eine bewährte Einzelperson entschlossen die Entscheidungen.

0	10	20	30	40	50	60	70	80	90	100

Entscheidungen werden im Team diskutiert und im Konsens getroffen. Hierzu wird eine Beteiligung möglichst aller Betroffenen angestrebt.

0	10	20	30	40	50	60	70	80	90	100

Eine Beteiligung aller Projektmitglieder wird bei der Entscheidungsfindung angestrebt, wobei die Entscheidung dann nach dem Mehrheitsprinzip getroffen wird.

0	10	20	30	40	50	60	70	80	90	100

Entscheidungskompetenzen sind klar festgelegt und an Positionen in der Hierarchie gekoppelt. Die jeweils „höhere Instanz" entscheidet.

0	10	20	30	40	50	60	70	80	90	100

6.2.3 Auswertung des Fragebogens zur Unternehmenskultur und zum Commitment

Für die Auswertung des Fragebogens ergeben sich folgende Möglichkeiten:
- I) Auswertung des Commitments in Bezug auf:
  - I.1) Wertekongruenz
  - I.2) Retentionfaktoren
  - I.3) Handlungsfelder
- II) Auswertung der Unternehmenskulturtypen

Ausführliche Einzelheiten zu den Auswertungsmöglichkeiten können aus dem Kapitel 3.2.2 und dem folgenden Text entnommen werden.

6.2.3.1 Hinweis zur Zuordnung des Commitments bzw. der Unternehmenskulturtypen bei der Auswertung des Fragebogens

In diesem Kapitel ist der Fragebogen ohne die Punktevergabe abgebildet, da er lediglich eine Orientierung über die Zuordnung der Fragen liefern soll. Dabei bezieht sich die unter A. aufgeführte Frage auf Wertekongruenz oder den jeweiligen Retentionfaktor Wertschätzung bzw. Fairness. Die unter B. aufgelisteten Fragen repräsentieren die vier Unternehmenskulturtypen.

Die in den Fragebögen vergebenen Punkte werden in die Auswertungstabellen in den Kapiteln 6.2.3.2 bis 6.2.3.4 dieses Anhangs eingefügt.

Fragebogenversion mit den entsprechenden Kulturtypen für die Auswertung:

1. Wertekongruenz

A.	Wertekongruenz	Die Bindung an mein Unternehmen basiert in erster Linie auf der Übereinstimmung zwischen meinen Werten und jenen meines Unternehmens.
B.	Clan	In meinem Unternehmen werden die Werte Hilfsbereitschaft, Teamwork, individuelle Selbstentfaltung und/oder Loyalität besonders geschätzt.
	Adhoc-kratie	In meinem Unternehmen werden die Werte Anpassungsbereitschaft an Veränderungen, Risikofreude, Flexibilität und/oder Entschlossenheit besonders geschätzt.
	Hierarchie	In meinem Unternehmen werden die Werte Stabilität, Zuverlässigkeit, Effizienz und/oder Sicherheit besonders geschätzt.
	Markt	In meinem Unternehmen werden die Werte Durchsetzungswille, Wettbewerbsdenken, Produktivität und/oder Gewinnermentalität besonders geschätzt.

2. Führung
2.1 Aufgabenfelder der Führungskraft

A.	Retentionfaktor Wertschätzung	Meine Führungskraft verhält sich hilfsbereit, wenn ich ein besonderes Bedürfnis habe.
B.	Adhoc-kratie	Führungskraft als Pionier und Vorbild: Meine Führungskraft fördert Selbstverantwortung, Kreativität und/oder Zukunftsorientierung.
	Clan	Führungskraft als Mentor und Coach: Meine Führungskraft schenkt Beachtung, bindet in Entscheidungsfindung ein und/oder motiviert.
	Markt	Führungskraft als „Macher": Meine Führungskraft fördert und fordert zielorientierte, autonome Entscheidungsfreude bei den Mitarbeitern sowie Kunden- und Wettbewerbsorientierung.
	Hierarchie	Führungskraft als Koordinator: Meine Führungskraft fördert einen reibungslosen, kontrollierten und effizienten Produktionsablauf. Dies unterstützt sie durch Organisation, Verwaltung und/oder Koordination der Prozesse.

2.2 Verhalten der Führungskraft

A.	Retentionfaktor Wertschätzung	Meine Führungskraft schenkt den Leistungsträgern im Unternehmen die meiste Beachtung.
B.	Markt	Meine Führungskraft fordert eine positive Einstellung zum Wettbewerb. Sie gibt eine klare Zielrichtung vor und lässt sich an den eigenen Erfolgen messen.
	Hierarchie	Meine Führungskraft fordert Loyalität und deckt Ineffizienzen auf. Außerdem behütet sie die vorhandenen Strukturen, wodurch sich Sicherheit und stabile Arbeitsrahmenbedingungen ergeben.
	Adhoc-kratie	Meine Führungskraft motiviert und vermittelt Spaß an der Arbeit. Gleichzeitig fördert sie Experimentierfreude, selbst wenn dadurch Fehler entstehen.
	Clan	Meine Führungskraft stellt sich in den Dienst der Gesamtheit bzw. des Teams und kann wenn nötig in Frage gestellt werden. Innerhalb der Teamarbeit sind Mitarbeiter der Führungskraft gleichgestellt.

3. Anreizsysteme
3.1 Erfolgskriterien

A.	Retentionfaktor Wertschätzung	Ich bin wirklich daran interessiert, dass das Unternehmen erfolgreich ist, da mein eigenes Berufsleben mit dem Schicksal des Unternehmens verknüpft ist.
B.	Clan	Verbesserungen im Arbeitsklima werden als Erfolg gewertet. Dabei sind Mitarbeiterzufriedenheit, Partizipation, Teamarbeit und/oder soziales Engagement wichtige Erfolgskriterien.
	Adhoc-kratie	Entwicklungen von Innovationen werden als Erfolg gewertet. Dabei sind neue, originelle Produkte bzw. Dienstleistungen, Kreativität, Wachstum und/oder Veränderungsbereitschaft wichtige Erfolgskriterien.
	Hierarchie	Die Effizienz der Abläufe wird als Erfolg gewertet. Dabei sind Zuverlässigkeit, reibungslose Abläufe, niedrige Kosten und/oder Konstanz wichtige Erfolgskriterien.
	Markt	Der kontinuierlich wachsende Marktanteil wird als Erfolg gewertet. Dabei sind der Gewinn neuer Kunden, die Verdrängung der Konkurrenz und/oder ein sicherer, vertrauender Kundenstamm wichtige Erfolgskriterien.

3.2 Leistungsanreize

A.	Retentionfaktor Fairness	Ich möchte zusätzliches Engagement, welches die herkömmlichen Anforderungen übertrifft, für das Unternehmen zeigen, da meine Leistung gerecht entlohnt wird.
B.	Clan	Leistungsanreize sind vor allem immaterieller Art: Das Anreizsystem ist teamspezifisch zugeschnitten und beinhaltet beispielsweise Weiterbildungsmöglichkeiten, gemeinsame Feiern und/oder Feedback von anderen.
	Adhoc-kratie	Leistungsanreize sind materieller und immaterieller Art: Das Anreizsystem ist nicht detailliert ausgearbeitet und beinhaltet beispielsweise Gewinnbeteiligungen durch erbrachte Ideen und/oder Weiterbildungsmöglichkeiten.
	Markt	Leistungsanreize sind vor allem materieller Art: Das Anreizsystem ist klar strukturiert und beinhaltet beispielsweise Gewinnbeteiligungen durch erbrachte Leistung und/oder zusätzliche Prämien durch verkaufte Produkte.
	Hierarchie	Leistungsanreize sind fast nur materieller Art: Das Anreizsystem ist ausgearbeitet, transparent und beinhaltet beispielsweise Hierarchieverbesserungen, Titel und/oder höhere Gehaltsstufen bzw. Positionen.

3.3 Gehaltsfindung

A.	Retentionfaktor Fairness	Die Entlohnung ist gerecht, da sie sich am Arbeitsengagement des Mitarbeiters orientiert.
B.	Clan	Die Höhe der Vergütung wird von Teamzielen abgeleitet. Belohnt wird der Beitrag des gesamten Teams zum Unternehmenserfolg.
	Adhoc-kratie	Die Höhe der Vergütung wird von Projektzielen abgeleitet. Der Einzelne kann sich durch das Einbringen von innovativen Ideen Prämien sichern.
	Markt	Die Höhe der Vergütung wird von individuellen Umsatzzielen abgeleitet. Die Entlohnung der Einzelleistung orientiert sich daran, wie sich das Produkt am Markt durchsetzt.
	Hierarchie	Es werden für die verschiedenen Positionen feste, transparente Gehaltsstufen kommuniziert. Während das Grundgehalt zugesichert wird, gibt es kaum darüber hinausgehende Prämiensysteme.

4. Personalentwicklung
4.1 Arbeitsplatzsicherheit

A.	Retentionfaktor Fairness	Ich finde es fair, dass mein Arbeitsplatz sicher ist, da ich meine Aufgaben im Unternehmen zuverlässig erledige.
B.	Hierarchie	Es herrscht eine hohe Arbeitsplatzsicherheit durch den starken Einfluss von Betriebsrat und Gewerkschaft. Detailliert ausgearbeitete und gerechte Vorschriften regeln die Auflösung von Beschäftigungsverhältnissen.
	Adhoc-kratie	Flexibilität wird geschätzt, es können auch interessante Aufgabenfelder außerhalb des Unternehmens wahrgenommen werden. Der Erfolg des Projekts entscheidet darüber, ob der Arbeitsplatz sicher ist.
	Clan	Eine Kündigung erfolgt nur bei absoluter Notwendigkeit bzw. bei schwerwiegenden Gründen, welche dann offen kommuniziert werden. Insofern ergibt sich eine hohe Arbeitsplatzsicherheit.
	Markt	Der Erfolg des Unternehmens am Markt und der Erfolg des einzelnen Mitarbeiters innerhalb des Unternehmens sind entscheidend für die Arbeitsplatzsicherheit.

4.2 Anstoß für Personalentwicklung/Weiterbildung

A.	Retentionfaktor Wertschätzung	Die Unternehmensführung würde meiner vernünftigen Bitte nach Weiterbildungsbedarf nachkommen.
B.	Clan	Jeder kann Weiterbildungsbedarf anmelden, wodurch die Weiterbildung individuell zugeschnitten wird. Man orientiert sich am Potenzial des Mitarbeiters. Die Personalentwicklung erfolgt meist systematisch.
	Adhoc-kratie	Jeder entscheidet selbst über Weiterbildungsbedarf. Meistens erfolgt die Personalentwicklung unsystematisch, individuell und richtet sich nach aktuellen Projekterfordernissen.
	Markt	Weiterbildung erfolgt, wenn es dem Unternehmenserfolg zugute kommt. Ziel der Personalentwicklung ist die verbesserte Umsetzung der Unternehmensstrategie mit dem Fokus Kundenorientierung.
	Hierarchie	Die Unternehmensführung entscheidet über, verwaltet und steuert die Weiterbildung. Die Personalentwicklung erfolgt insofern sehr systematisch, und oft betrifft die Weiterbildung gesamte Abteilungen.

4.3 Qualifikationen

A.	Retentionfaktor Wertschätzung	Das Unternehmen möchte mir das bestmögliche Tätigkeitsfeld anbieten, für welches ich qualifiziert bin.
B.	Clan	Das Unternehmen schätzt folgende Qualifikationen an mir: soziale Kompetenz und/oder Weiterentwicklung der Persönlichkeit durch Teambildungsprozesse.
	Markt	Das Unternehmen schätzt folgende Qualifikationen an mir: Verbesserung der Methodenkompetenz durch Verkaufstrainings und/oder Kundenorientierung.
	Hierarchie	Das Unternehmen schätzt folgende Qualifikationen an mir: Verbesserung der Fachkompetenz zur Identifikation von Fehlerquellen und/oder Optimierung von Prozessen.
	Adhoc-kratie	Das Unternehmen schätzt folgende Qualifikationen an mir: Entwicklung der Fach-, Methoden- und/oder sozialen Kompetenz durch Learning on the Job.

4.4 Karriere

A.	Retentionfaktor Fairness	Ich empfinde es als fair, dass mir die Führung viele Möglichkeiten bereitstellt, damit ich Karriere im Unternehmen machen kann.
B.	Clan	Karriere bedeutet, über einen längeren Zeitraum andauernde Führungsaufgaben in einem gut funktionierenden Team wahrzunehmen.
	Hierarchie	Karriere wird vor allem am Aufstieg innerhalb der Unternehmenshierarchie festgemacht und richtet sich nach klar festgelegten und nachvollziehbar kommunizierten Auswahlprozessen.
	Markt	Karriere wird vor allem an den steigenden Kriterien Umsatz, Kundenzufriedenheit und/oder Gehalt in Relation zur erbrachten Leistung gemessen.
	Adhoc-kratie	Karriere bedeutet nicht das Erreichen höherer Positionen, sondern knüpft an die Übertragung kontinuierlich wachsender Eigenverantwortung.

5. Arbeitsgestaltung
5.1 Ziele der Arbeitsgestaltung

A.	Retentionfaktor Wertschätzung	Das Unternehmen versucht, mein Aufgabenfeld so interessant wie möglich zu gestalten.
B.	Clan	Die Ziele der Arbeitsgestaltung charakterisieren sich durch Teamwork, Konsens und/oder Partizipation.
	Adhoc-kratie	Die Ziele der Arbeitsgestaltung charakterisieren sich durch individuelle Risikobereitschaft, Innovation, Autonomie und/oder Einzigartigkeit.
	Markt	Die Ziele der Arbeitsgestaltung charakterisieren sich durch streng geführte Wettbewerbsfähigkeit, hohe Anforderungen und/oder Leistung.
	Hierarchie	Die Ziele der Arbeitsgestaltung charakterisieren sich durch Schutz der Arbeitnehmer, vorhersehbare Strukturen und/oder Stabilität.

5.2 Arbeitsklima

A.	Retentionfaktor Wertschätzung	Das Unternehmen kümmert sich um meine generelle Zufriedenheit bei der Arbeit.
B.	Adhoc-kratie	Das Arbeitsumfeld ist dynamisch, anpassungsfähig und kreativ. Der Einzelne ist zu einem hohen persönlichen Einsatz auch anderen Mitarbeitern gegenüber bereit, weshalb ein freundliches Arbeitsklima herrscht.
	Markt	Die Arbeitsatmosphäre ist von Wettbewerb geprägt. Auch innerhalb des Unternehmens spornt das Konkurrenzdenken zu Leistungen an, weshalb ein raues Arbeitsklima herrscht.
	Hierarchie	Die Konzentration auf das Abarbeiten eigener Aufgaben gegenüber bereichsübergreifender Zusammenarbeit genießt höchste Priorität, weshalb ein nüchternes Arbeitsklima herrscht.
	Clan	Die Atmosphäre im Unternehmen wird durch Ausgeglichenheit, Hilfsbereitschaft und/oder Fokus auf die Mitarbeiter charakterisiert, weshalb ein familiäres Arbeitsklima herrscht.

5.3 Hierarchiestrukturen

A.	Retentionfaktor Wertschätzung	Ich fühle mich geehrt, wenn das Unternehmen meine Leistungen durch einen Aufstieg in der Hierarchie würdigt.
B.	Clan	Es gibt stabile Teamstrukturen mit flachen Hierarchien, wodurch bereichsübergreifend zusammengearbeitet wird. Selbst die Tür des Chefs steht jedem offen.
	Markt	Es gibt eine klare Hierarchie mit hoher Eigenverantwortung, weshalb bereichsübergreifende Zusammenarbeit selten erfolgt. Ein rascher Auf- und Abstieg in der Hierarchie ist möglich, jedoch abhängig vom Erfolg am Markt.
	Adhoc-kratie	Teamzusammensetzungen bzw. Kooperation verschiedener Teams ändern sich je nach Idee und Bedarf sehr schnell. Hierarchien sind deshalb sehr flach.
	Hierarchie	Es gibt eine klare Aufteilung in viele Hierarchieebenen. Einzelarbeit innerhalb von Bereichen und Abteilungen steht bereichsübergreifender Zusammenarbeit dominierend gegenüber.

5.4 Entscheidungsprozesse

A.	Retentionfaktor Wertschätzung	Ich kann meinen Beitrag zum Unternehmen leisten, da das Unternehmen meine Meinung respektiert.
B.	Markt	An Stelle von Konsensentscheidungen trifft je nach vereinbartem Ziel eine bewährte Einzelperson entschlossen die Entscheidungen.
	Clan	Entscheidungen werden im Team diskutiert und im Konsens getroffen. Hierzu wird eine Beteiligung möglichst aller Betroffenen angestrebt.
	Adhoc-kratie	Eine Beteiligung aller Projektmitglieder wird bei der Entscheidungsfindung angestrebt, wobei die Entscheidung dann nach dem Mehrheitsprinzip getroffen wird.
	Hierarchie	Entscheidungskompetenzen sind klar festgelegt und an Positionen in der Hierarchie gekoppelt. Die jeweils „höhere Instanz" entscheidet.

6.2.3.2 Hinweise zur Auswertung des Commitments in Bezug auf Wertekongruenz und die Retentionfaktoren

Für die Auswertung nach Wertekongruenz und Retentionfaktoren ist ausschließlich die Bewertung des Komplexes A von Bedeutung.

Hinweise zur Auswertung der Wertekongruenz

Bei der Auswertung der Wertekongruenz wird die Bewertung der Frage 1A aller Fragebögen addiert und in der Tabelle 1 sowohl in das obere Feld als auch in das Feld „Gesamtsumme" eingetragen. Nachdem im Feld „Anzahl der Fragebögen" die Summe der erhobenen Fragebögen vermerkt wurde, wird die Gesamtsumme durch die Anzahl der Fragebögen dividiert. Dies ergibt den Durchschnittswert der Bewertung in Bezug auf Wertekongruenz, welcher in das entsprechende Feld eingetragen wird. Damit können die betrieblichen Voraussetzungen zu affektivem Commitment, begründet durch die Wertekongruenz von Mitarbeitern und Unternehmen, gemessen werden.

Dieser Wert lässt sich mit anderen Unternehmen, Unternehmensteilen oder im Zeitverlauf bei wiederholten Befragungen vergleichen.

Wertekongruenz	
	1 A
Gesamtsumme aus allen Fragebögen	
Dividiert durch Anzahl der & Anzahl der Fragebögen Fragen _____ x 1	
Durchschnittswert	

Auswertungstabelle 1: Wertekongruenz

Hinweise zur Auswertung des Retentionfaktors Wertschätzung

Die Fragen 2.1 A, 2.2 A, 3.1 A, 4.2 A, 4.3 A, 5.1 A, 5.2 A, 5.3 A und 5.4 A beziehen sich auf den Retentionfaktor Wertschätzung.

Bei der Auswertung des Faktors Wertschätzung werden zunächst die Bewertungen von allen Fragebögen für alle oben aufgeführten Komplexe in das jeweilige Feld der Tabelle 2 eingetragen, addiert und im Feld „Gesamtsumme" vermerkt. Nachdem im Feld „Anzahl der Fragebögen" die Summe der erhobenen Fragebögen vermerkt wurde, wird die Gesamtsumme durch diese Anzahl und anschließend durch die Anzahl der Fragen – in diesem Fall neun – dividiert. Dadurch erhält man den Durchschnittswert der Bewertung in Bezug auf den Retentionfaktor Wertschätzung, welcher in das entsprechende Feld eingetragen wird.

Retentionfaktor: Wertschätzung

2.1 A	2.2 A	3.1 A
4.2 A	4.3 A	5.1 A
5.2 A	5.3 A	5.4 A

Gesamtsumme aus allen Fragebögen	
Dividiert durch Anzahl der & Anzahl der Fragebögen Fragen ———— x 9	
Durchschnittswert	
	Rang

Auswertungstabelle 2: Retentionfaktor Wertschätzung

Hinweise zur Auswertung des Retentionfaktors Fairness
Die Fragen 3.2 A, 3.3 A, 4.1 A und 4.4 A beziehen sich auf den Retentionfaktor Fairness.

Die Auswertung des Faktors Fairness erfolgt auf die gleiche Weise. Zunächst werden die Bewertungen von allen Fragebögen für alle fairnessspezifischen Komplexe in das jeweilige Feld der Tabelle 3 eingetragen, addiert und im Feld „Gesamtsumme" vermerkt. Nachdem im Feld „Anzahl der Fragebögen" die Summe der erhobenen Fragebögen vermerkt wurde, wird die Gesamtsumme durch diese Anzahl und anschließend durch die Anzahl der Fragen – in diesem Fall vier – dividiert. Dadurch erhält man den Durchschnittswert der Bewertung in Bezug auf den Retentionfaktor Fairness, welcher in das entsprechende Feld eingetragen wird.

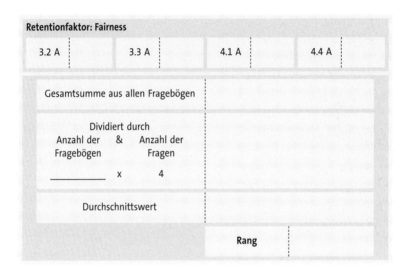

Auswertungstabelle 3: Retentionfaktor Fairness

Rangreihung der Retentionfaktoren
Anschließend können die Durchschnittswerte beider Faktoren in eine Rangfolge gebracht und im Feld „Rang" protokolliert werden. Hierbei erhält der höhere Durchschnittswert den ersten Rang. Dadurch wird ersichtlich, welcher der beiden Retentionfaktoren einen größeren Einfluss auf die Bereitschaft zu affektivem Commitment ausübt.

6.2.3.3 Hinweise zur Auswertung des Commitments in Bezug auf die Handlungsfelder des Personalmanagements

Für diese Auswertung ist die Spezifizierung nach den vier Handlungsfeldern des Personalmanagements relevant. Dabei ist ausschließlich die Bewertung des Komplexes A von Bedeutung.

Hinweise zur Auswertung des Handlungsfeldes Führung
Die Fragen 2.1 A und 2.2 A beziehen sich auf das Handlungsfeld Führung. Bei der Auswertung des Handlungsfeldes Führung werden zunächst die Bewertungen von allen Fragebögen für alle oben aufgeführten Komplexe in das jeweilige Feld der Tabelle 4 eingetragen, addiert und im Feld „Gesamtsumme" vermerkt. Nachdem im Feld „Anzahl der Fragebögen" die Summe der erhobenen Fragebögen vermerkt wurde, wird die Gesamtsumme durch diese Anzahl und anschließend durch die Anzahl der Fragen – in diesem Fall zwei – dividiert. Dadurch erhält man den Durchschnittswert der Bewertung in Bezug auf das Handlungsfeld Führung, welcher in das entsprechende Feld eingetragen wird.

Handlungsfeld: Führung		
	2.1 A	2.2 A
Gesamtsumme aus allen Fragebögen		
Dividiert durch Anzahl der & Anzahl der Fragebögen Fragen ———— x 2		
Durchschnittswert		
		Rang

Auswertungstabelle 4: Handlungsfeld Führung

Hinweise zur Auswertung des Handlungsfeldes Anreizsysteme
Die Fragen 3.1 A, 3.2 A und 3.3 A beziehen sich auf das Handlungsfeld Anreizsysteme.
Bei der Auswertung des Handlungsfeldes Anreizsysteme werden zunächst die Bewertungen von allen Fragebögen für alle oben aufgeführten Komplexe in das jeweilige Feld der Tabelle 5 eingetragen, addiert und im

Feld „Gesamtsumme" vermerkt. Nachdem im Feld „Anzahl der Fragebögen" die Summe der erhobenen Fragebögen vermerkt wurde, wird die Gesamtsumme durch diese Anzahl und anschließend durch die Anzahl der Fragen – in diesem Fall drei – dividiert. Dadurch erhält man den Durchschnittswert der Bewertung in Bezug auf das Handlungsfeld Anreizsysteme, welcher in das entsprechende Feld eingetragen wird.

Handlungsfeld: Anreizsysteme		
3.1 A	3.2 A	3.3 A
Gesamtsumme aus allen Fragebögen		
Dividiert durch Anzahl der & Anzahl der Fragebögen Fragen _____ x 3		
Durchschnittswert		
	Rang	

Auswertungstabelle 5: Handlungsfeld Anreizsysteme

Hinweise zur Auswertung des Handlungsfeldes Personalentwicklung
Die Fragen 4.1 A, 4.2 A, 4.3 A und 4.4 A beziehen sich auf das Handlungsfeld Personalentwicklung.[78]

Bei der Auswertung des Handlungsfeldes Personalentwicklung werden zunächst die Bewertungen von allen Fragebögen für alle oben aufgeführten Komplexe in das jeweilige Feld der Tabelle 6 eingetragen, addiert und im Feld „Gesamtsumme" vermerkt. Nachdem im Feld „Anzahl der Fragebögen" die Summe der erhobenen Fragebögen vermerkt wurde, wird die Gesamtsumme durch diese Anzahl und anschließend durch die Anzahl der Fragen

---

78 *Das Handlungsfeld Personalauswahl wird nicht berücksichtigt, da sich die Befragung ausschließlich auf Arbeitnehmer konzentriert. Die Erfassung der Personalauswahl müsste sich dagegen an das Personalmanagement oder Arbeitnehmer, die erst eine relativ kurze Zeit für das Unternehmen arbeiten, richten.*

– in diesem Fall vier – dividiert. Dadurch erhält man den Durchschnittswert der Bewertung in Bezug auf das Handlungsfeld Personalentwicklung, welcher in das entsprechende Feld eingetragen wird.

Handlungsfeld: Personalentwicklung			
4.1 A	4.2 A	4.3 A	4.4 A
Gesamtsumme aus allen Fragebögen			
Dividiert durch Anzahl der Fragebögen & Anzahl der Fragen ___ x 4			
Durchschnittswert			
		Rang	

Auswertungstabelle 6: Handlungsfeld Personalentwicklung

Hinweise zur Auswertung des Handlungsfeldes Arbeitsgestaltung
Die Fragen 5.1 A, 5.2 A, 5.3 A und 5.4 A beziehen sich auf das Handlungsfeld Arbeitsgestaltung.

Bei der Auswertung des Handlungsfeldes Arbeitsgestaltung werden zunächst die Bewertungen von allen Fragebögen für alle oben aufgeführten Komplexe in das jeweilige Feld der Tabelle 7 eingetragen, addiert und im Feld „Gesamtsumme" vermerkt. Nachdem im Feld „Anzahl der Fragebögen" die Summe der erhobenen Fragebögen vermerkt wurde, wird die Gesamtsumme durch diese Anzahl und anschließend durch die Anzahl der Fragen – in diesem Fall vier – dividiert. Dadurch erhält man den Durchschnittswert der Bewertung in Bezug auf das Handlungsfeld Arbeitsgestaltung, welcher in das entsprechende Feld eingetragen wird.

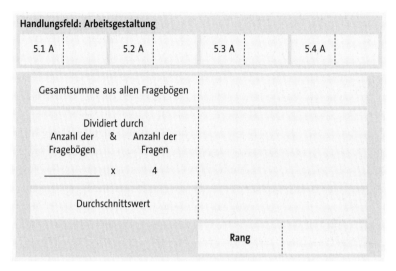

Auswertungstabelle 7: Handlungsfeld Arbeitsgestaltung

Rangreihung der Handlungsfelder
Anschließend können die Durchschnittswerte der Handlungsfelder in eine Rangfolge gebracht und im Feld „Rang" protokolliert werden. Hierbei erhält der höchste Durchschnittswert den ersten Rang. Dadurch wird ersichtlich, wie gewichtig jedes Handlungsfeld in Relation zu den anderen seinen Einfluss auf das affektive Commitment geltend macht.

6.2.3.4 Hinweise zur Auswertung der Unternehmenskultur

Für die Auswertung ist die Spezifizierung nach vier Unternehmenskulturtypen relevant. Hierzu ist ausschließlich die Bewertung des Komplexes B aller Aussagen von Bedeutung.

Jeder Kulturtyp wird einzeln betrachtet. Die in allen 14 Fragen vergebenen Punkte werden für den jeweiligen Kulturtyp addiert. Dieser Wert ergibt die Gesamtsumme, wird durch 14 dividiert[79] und in die zweite Spalte von links eingetragen. Anschließend wird dieser Wert durch die Anzahl der Fragebögen dividiert, wodurch man den Durchschnittswert erhält und im entsprechenden Feld notiert.

---

[79] *Die Gesamtsumme wird durch 14 dividiert, da es 14 Aussagenkomplexe sind.*

Wenn für jeden Kulturtyp der Durchschnittswert ermittelt wurde, können die Kulturtypen wiederum in eine Rangfolge gebracht werden. Der höchste Durchschnittswert erhält den ersten Rang. Dadurch wird ersichtlich, wie gewichtig jeder Unternehmenskulturtyp in Relation zu den anderen seinen Einfluss auf die Bereitschaft zu affektivem Commitment geltend macht (dominanter Kulturtyp).

	Gesamtsumme dividiert durch 14	dividiert durch Anzahl der Fragebögen	Durchschnittswert	Rang
Adhoc-kratie				
Clan				
Hierarchie				
Markt				

Auswertungstabelle 8: Unternehmenskulturtypen

Die Durchschnittswerte für jeden Kulturtyp werden abschließend in eine Abbildung eingezeichnet (vgl. Abb. 23), und dadurch erkennt man den dominanten Kulturtyp.

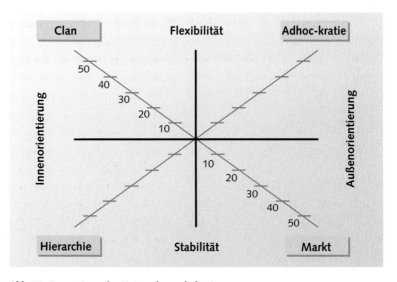

Abb. 23: Auswertung der Unternehmenskulturtypen

6.2.3.5 Bemerkungen zur Auswertung nach den Voraussetzungsdimensionen von Commitment

Für diese Auswertung ist die Spezifizierung nach den Voraussetzungsdimensionen von affektivem Commitment relevant. Die Dimensionen untergliedern sich wie folgt:

1) *Wertschätzung* (Aussagekomplexe: 1.1, 1.2, 2.1, 3.2, 3.3, 4.1, 4.2, 4.3 und 4.4)
2) *Fairness* (Aussagekomplexe: 2.2, 2.3, 3.1 und 3.4)

Jede Dimension wird isoliert von den anderen betrachtet, sprich es werden nur die für die jeweilige Dimension relevanten Aussagekomplexe gemäß der obigen Angabe verwendet.

Einerseits wird innerhalb der jeweiligen Dimension noch eine Spezifizierung nach den vier Kulturtypen vorgenommen, das heißt die vergebenen Punkte nach Kulturtypen sortiert addiert. Welche Zeile dabei den entsprechenden Kulturtyp in den Aussagenkomplexen repräsentiert, kann im Dokument „Fragebogen für Auswertung" abgelesen werden. Die addierten Punkte für jeden Kulturtyp werden in einem Vierfelderdiagramm analog zu Cameron & Quinn abgetragen. Dadurch wird ersichtlich, welcher Kulturtyp in Bezug auf die einzelnen Dimensionen am stärksten ausgeprägt ist.

Andererseits werden innerhalb der jeweiligen Dimensionen die Punkte der Commitmentaussage addiert. Dadurch kann die unterschiedlich stark ausgeprägte Bereitschaft zu affektivem Commitment in Bezug auf die einzelnen Dimensionen betrachtet werden.

6.3 Toolbox

Die Toolbox enthält einen Katalog an retentionförderlichen Maßnahmen. Seine Struktur erhält er durch die genannten Handlungsfelder des Personalmanagements. Zu den einzelnen Maßnahmen wurden die Motivfaktoren ergänzt. Es ist allerdings zu beachten, dass erst die Berücksichtigung der Retentionfaktoren Wertschätzung und Transparenz bei der Umsetzung der Maßnahmen zum gewünschten Erfolg der nach Motivfaktoren ausgewählten Maßnahmen führen wird.[80]

---

80 *Vgl. hierzu Kapitel 2.2.*

Handlungsfelder des Retentionmanagements

Handlungsfeld	Maßnahmen	Motivfaktoren
Anreizsysteme	Angebot von Sabbaticals	Persönlichkeitsentfaltung/ Offenheit/Neugier
	Beruf/Familie-Beratung	Persönlichkeitsentfaltung/Balance
	Gesundheitsmanagement (Fitness-Tag)	Persönlichkeitsentfaltung/Balance
	Cafeteriasystem bei Entgelt	Wertschätzung
	„Social Benefits"	Wertschätzung
	Statussymbole	Status
	Transparentes Vergütungssystem	materielle Absicherung
	Bonusvergütung	materielle Absicherung/Offenheit/ Neugier/Ehrgeiz
	Variable Vergütungssysteme bei Entgelt	materielle Absicherung/Ehrgeiz
	Kapital-/Erfolgsbeteiligung	materielle Absicherung
	Jubiläumsvergütung	materielle Absicherung
	Altersversorgungssysteme	materielle Absicherung
Rekrutierung	Bewerberorientierte Auswahltools	Persönlichkeitsentfaltung/ Wertschätzung/Orientierung/ Sinn/innere „Mission"
	Recruiting-Events	Wertschätzung
	Unterbringung von Bewerbern	Wertschätzung
	Stipendien	materielle Absicherung
	Team-Auswahl	soziale Einbindung
	Azubi-Förderkreise	soziale Einbindung
	Realistic Job Preview	Stabilität
Personalentwicklung	Coaching	Persönlichkeitsentfaltung
	Stärken-Schwächen-Analysen	Persönlichkeitsentfaltung
	Job-Rotation	Persönlichkeitsentfaltung
	Laufbahnkonzepte	Persönlichkeitsentfaltung
	Qualifizierungsplanung	Persönlichkeitsentfaltung
	Internationale Einsätze	Persönlichkeitsentfaltung
	Individuelle PE	Persönlichkeitsentfaltung
	Entwicklungsperspektiven	Persönlichkeitsentfaltung
	Differenzierte PE-Programme (Führungsnachwuchskreis, Office-Managerin)	Persönlichkeitsentfaltung
	Familienfreundliche Personalarbeit	Wertschätzung/Balance

Handlungsfeld	Maßnahmen	Motivfaktoren
	■ Seminare für Erziehungsurlauber	Wertschätzung
	■ Stipendien für Ex-Azubis	Wertschätzung
	■ Seminarorte, Seminarinfrastruktur	Wertschätzung
	■ Employability-orientierte PE	materielle Absicherung/Stabilität
	■ Netzwerkaufbau	soziale Einbindung
	■ Langzeitprogramme mit festen Gruppen	soziale Einbindung
Führungssysteme	■ MBO	Persönlichkeitsentfaltung/ Einfluss/Status/Ehrgeiz/Orientierung/Sinn/innere „Mission"
	■ Unternehmens/Führungsgrundsätze (Involvierungsanreize)	Einfluss/Orientierung/Sinn/ innere „Mission"
	■ Unternehmensleitlinien und -verfassung	Einfluss/Orientierung/Sinn/ innere „Mission"
	■ Informationspolitik	Einfluss/Wertschätzung/Orientierung/Sinn/innere „Mission"
	■ 360-Grad-Feedback	Einfluss/Orientierung/Sinn/ innere „Mission"
	■ Betriebliches Vorschlagswesen	Einfluss/Orientierung/Sinn/ innere „Mission"
	■ Zielsetzungs- und Beratungsgespräch	Einfluss/Orientierung/Sinn/ innere „Mission"
	■ Januar-Gespräch: Führungskräftefeedback	Einfluss/Orientierung/Sinn/ innere „Mission"
	■ Arbeits-/Betriebsklima	soziale Einbindung/Orientierung/ Sinn/innere „Mission"
	■ Kommunikationsverhalten, -rituale	soziale Einbindung/Orientierung/ Sinn/innere „Mission"
	■ Werte definieren	soziale Einbindung/Orientierung/ Sinn/innere „Mission"
	■ BR-AG-Zusammenarbeit	soziale Einbindung/Orientierung/ Sinn/innere „Mission"
	■ Labour-Relations	soziale Einbindung/Orientierung/ Sinn/innere „Mission"
	■ Innerbetriebliche Sozialpartnerschaft	soziale Einbindung/Orientierung/ Sinn/innere „Mission"
	■ Mentorenprogramme	soziale Einbindung/Orientierung/ Sinn/innere „Mission"
	■ Instrumente eines beschäftigungsstabilisierenden Personalmanagements	Stabilität

Handlungsfeld	Maßnahmen	Motivfaktoren
Führungs-verhalten	■ Promotion neuer Ideen	Persönlichkeitsentfaltung
	■ Partizipativer Führungsstil	Einfluss/Orientierung/Sinn/innere „Mission"
	■ Nachvollziehbarkeit von Entscheidungen	Einfluss/Orientierung/Sinn/innere „Mission"
	■ Walk-around	Einfluss/Orientierung/Sinn/innere „Mission"
	■ Kontakt zu Entscheidungsträgern (Vorstand)	Wertschätzung/Orientierung/Sinn/innere „Mission"
	■ Informelle Gespräche	Wertschätzung
	■ Information und Kommunikation	Einfluss/Wertschätzung/Orientierung/Sinn/innere „Mission"
	■ Betriebsversammlungen	Wertschätzung/Orientierung/Sinn/innere „Mission"
	■ Sozialkompetenz der Vorgesetzten	Wertschätzung
	■ Betriebsfeiern	soziale Einbindung
	■ Events	soziale Einbindung
	■ Informationsinstrumente	Stabilität
Arbeits-gestaltung	■ Projekte mit Perspektiven	Persönlichkeitsentfaltung/Offenheit/Neugier/Ehrgeiz
	■ Partizipation an Entscheidungen	Einfluss
	■ Einbindung in strategische Entscheidung	Einfluss
	■ Gestaltungsspielräume schaffen	Einfluss
	■ Übernahme von Verantwortung	Einfluss
	■ Flexibilisierte Arbeitszeitmodelle	Wertschätzung/Balance
	■ Job Sculpturing	Wertschätzung/Balance
	■ Vertrauensarbeitszeit	Wertschätzung/Balance
	■ Teamarbeit	soziale Einbindung

6.4 Erfolgsfaktoren für die Einführung von Retentionmanagement – eine Checkliste

Macht es überhaupt Sinn, sich dem Thema Retentionmanagement zu widmen? Daten zur strategischen Notwendigkeit ergeben sich aus Kapitel 3.6.1., aber damit ist noch nicht sicher, ob Retentionmanagement auch tatsächlich erfolgreich implementiert werden kann. Die nachstehende Checkliste kann bei der Überprüfung helfen:

Checkliste Implementierung Retentionmanagement	JA	NEIN
1. Wurde und/oder wird die Entscheidung für die Einführung von Retentionmanagement auf höchstmöglicher Ebene getroffen?	◯	◯
2. Gibt es „Promotoren" auf höchster Führungsebene, die die Einführung des Retentionmanagements unterstützen?	◯	◯
3. Kann das Retentionmanagement an einer konkreten, bedeutsamen Eigenkündigung anknüpfen, um seinen Nutzen zu verdeutlichen?	◯	◯
4. Verfügt der für das Retentionmanagement verantwortliche Mitarbeiter über die notwendigen fachlichen, methodischen und persönlichen Kompetenzen?	◯	◯
5. Wird ein systematisches, auf das Unternehmen abgestimmtes Retentionmanagementkonzept mit Zielen und Vorgehensweisen entwickelt?	◯	◯
6. Sind die Meinungen und Standpunkte der Führungskräfte bekannt und werden mögliche Risiken angemessen eingeschätzt?	◯	◯
7. Werden betroffene Stellen (Führungskräfte) rechtzeitig und in adäquater Weise informiert und am Entscheidungsprozess beteiligt?	◯	◯
8. Wird die Implementierung des Retentionmanagements systematisch vorbereitet und geplant?	◯	◯
9. Ist ein rechtzeitiger Zugang zu allen relevanten Daten und Informationen für das Retentioncontrolling gewährleistet?	◯	◯
10. Lässt sich ein schnelles, messbares Ergebnis in einem Anfangsprojekt zum Retentioncontrolling vorweisen?	◯	◯
	Summe:	_____

Abb. 24: Checkliste Implementierung Retentionmanagement[81]

---

[81] In Anlehnung an DGFP e.V. (2001), S. 26.

7 Literaturverzeichnis

Angle, H. L.; Perry, J. L. (1981): An Empirical Assessment of Organizational Commitment and Organizational Effectiveness. In: Administrative Science Quarterly, Vol. 26, No. 1. New York, S. 1–14.

Becker, M (2002): Personalentwicklung. Bildung, Förderung und Organisationsentwicklung in Theorie und Praxis. Stuttgart.

Bertelsmann Stiftung (Hrsg.) (2002): Strategien gegen den Fachkräftemangel. Band 2: Betriebliche Optionen und Beispiele. Gütersloh.

Bertelsmann Stiftung; Hans-Böckler-Stiftung (Hrsg.) (2001): Praxis Unternehmenskultur. Herausforderungen gemeinsam bewältigen. Band 1 Erfolgsfaktor Unternehmenskultur. Gütersloh.

Beyer, H.; Fehr, U.; Nutzinger, H. G. (1996): Vorteil Unternehmenskultur. Partnerschaftlich handeln – den Erfolg mitbestimmen. Fazit des gemeinsamen Forschungsprojektes der Bertelsmann Stiftung und der Hans Böckler Stiftung „Unternehmenskultur zwischen Partnerschaft und Mitbestimmung". Gütersloh.

Bierhoff, H. W.; Herner, M. J. (1999): Arbeitsengagement aus freien Stücken: Zur Rolle der Führung. In: Schreyögg, G.; Sydow, J.: Managementforschung. Band 9: Führung – neu gesehen. Berlin, New York.

Bleicher, K. (1999): Das Konzept Integriertes Management. Visionen – Missionen – Programme. Frankfurt am Main, 5. Aufl.

Boudreau, J. W.; Dunford, B. B.; Ramstedt, P. M.: The Human Capital „Impact" on E-Business: The Case of Encyclopedia Britannica. Working Paper 00-05. Quelle: www.ilr.cornell.edu/depts/CAHRS/

Butler, T.; Waldroop, J. (2000): Wie Unternehmen ihre besten Leute binden. In: Harvard Business manager, 22. Jg., Heft 2, S. 70–78.

Cameron, K. S.; Quinn, R. E. (1999): Diagnosing and Changing Organizational Culture. Reading/Massachusetts.

Deal; T. E.; Kennedy, A. A. (1982): Corporate Cultures. Reading/Massachusetts.

DGFP e.V. (Hrsg.) (2004): Wertorientiertes Personalmanagement – ein Beitrag zum Unternehmenserfolg. Bielefeld.

DGFP e.V. (Hrsg.) (2001): Personalcontrolling in der Praxis. Stuttgart.

Eichhorst, W.; Thode, E. (2002): Strategien gegen den Fachkräftemangel. Band 1: Internationaler Vergleich. Gütersloh.

Eisenberger, R.; Huntington, R.; Hutchison, S.; Sowa, D. (1986): Perceived Organizational Support. In: Journal of Applied Psychology. Vol. 71, No. 3. Washington: American Psychological Association, S. 500–507.

Facteau, J. D.; Dobbins, G. H.; Russell, J. E. A.; Ladd, R. T.; Kudisch, J. D. (1995): The Influence of General Perceptions of the Training Environment on pretraining Motivation and perceived Training Transfer. In: Journal of Management, 26, S. 1–25.

Fankhauser, K. (1996): Management von Organisationskulturen. Bern.

Femppel, K.; Reichmann, L.; Böhm, H. (2002): Ganzheitliche Vergütungspolitik. Baustein einer wertorientierten Unternehmensführung. Düsseldorf.

Fischer, S. (1998): Human Resource Management und Arbeitsbeziehungen im Betrieb. Mering.

Gaertner, K. N.; Nollen, S. D. (1989): Career Experiences, Perceptions of Employment Practices and Psychological Commitment to the Organization. In: Human Relations, 42, S. 975–991.

Gauger, J. (2000): Commitment-Management in Unternehmen. Am Beispiel des mittleren Managements. Wiesbaden.

Gmür, M.; Martin, P.; Karczinski, D. (2002): Employer Branding – Schlüsselfunktion im strategischen Personalmarketing. In: Personal, 54. Jg., Heft 10, S. 1–16.

Goldberg, W. A.; Greenberger, E.; Koch-Jones, J. O'Neil, J.; Hamill, S. (1989): Attractiveness of Child Care and related Employer-Supported Benefits and Policies to Married and Single Parents. In: Child and Youth Care Quarterly, 18, S. 23–37.

Grovers, S. L.; Crooker, K. J. (1959): Who appreciates Familiy-Responsive Human Resource Policies: The Impact of Family-Friendly Policies on the

Organizational Attachement of Parents and Non-Parents. In: Personnel Pschology, 48, S. 271–288.

Jäger, N. (2003): Der Einfluss einer familienbewussten Ausgestaltung des Human Resource Managements auf das organisationale Commitment: eine empirische Untersuchung (Diplomarbeit an der Universität Heidelberg, Institut für Soziologie, Bereich Industrie- und Betriebssoziologie). Heidelberg.

Jarmai, H. (1997): Die Rolle externer Berater im Change Management. In: Reiß, M.; von Rosenstiel, L.; Lanz, A. (Hrsg.): Change Management. Programme, Projekte und Prozesse. Stuttgart, S. 171–185.

Karg, P. W.; Lurse, K.; Meister, H.-P. (2001): Unternehmenskultur gestalten – die zentrale Führungsaufgabe. In: Hans-Böckler-Stiftung; Bertelsmann Stiftung, Erfolgsfaktor Unternehmenskultur, Band 1 Praxis Unternehmenskultur, Gütersloh.

Karst, K.; Segler, T.; Gruber, K. F. (2000): Unternehmensstrategien erfolgreich umsetzen durch Commitment Management. Heidelberg.

Kieser, A. (1998): Über die allmähliche Verfertigung der Organisation beim Reden – Organisieren als Kommunizieren. In: Industrielle Beziehungen, S. 45–75.

Kieser, A.; Hegele, C.; Klimmer, M. (1998): Kommunikation im organisatorischen Wandel. Stuttgart.

Kobi, J.-M. (1999): Personalrisikomanagement. Wiesbaden.

Köchling, A. (2001): Alt und Jung im Betrieb. Intergenerative Personalpolitik als Wettbewerbsfaktor. In: Buck, H.; Schletz, A. (Hrsg.): Wege aus dem demographischen Dilemma durch Sensibilisierung, Beratung und Gestaltung. Stuttgart, S. 20–29.

Krenz-Maes, A. (1998): Innere Kündigung – ein unterschätztes Phänomen in vielen Unternehmen. In: Personalführung, 31. Jg., Heft 5, S. 48–53.

Kutscher, J.; Weidinger, M.; Hoff, A. (1996): Flexible Arbeitszeitgestaltung. Praxis-Handbuch zur Einführung innovativer Arbeitszeitmodelle. Wiesbaden.

Lewin, K. (1947): Frontiers in Group Dynamics. In: Human Relations, 1. Jg., S. 5–41.

Malik, F. (2001): Führen, Leisten, Leben. München, 9. Aufl.

Meyer, J. P.; Allen, N. J. (1997): Commitment in the workplace. Theory, research and application. Thousand Oaks.

Mohr, N. (1997): Kommunikation und organisatorischer Wandel. Wiesbaden.

Moser, K. (1996): Commitment in Organisationen. Bern.

Nagel, A. (2001): Retentionmanagement in der Praxis. Unveröffentlichte Studie. Münster.

Neuberger, O.; Kompa, A. (1987): Wir, die Firma. Weinheim.

O'Reilly, C.; Chatman, J. (1986): Organizational Commitment and Psychological Attachment: The Effects of Compliance, Identification and Internalization on Prosocial Behavior. In: Journal of Applied Psychology, Vol. 71, No. 3. Washington, S. 492–499.

Oechsler, W. A. (2001): Unternehmenskultur und Human Resource Management. In: Bertelsmann Stiftung; Hans-Böckler-Stiftung (Hrsg.): Praxis Unternehmenskultur. Herausforderungen gemeinsam bewältigen. Band 1 Erfolgsfaktor Unternehmenskultur. Gütersloh.

Peters, T. G.; Waterman, R. M. (1982): In Search of Excellence. New York.

Rastetter, D. (1996): Personalmarketing, Bewerberauswahl und Arbeitsplatzsuche. Stuttgart.

Ringlstetter, M. (1997): Organisation von Unternehmen und Unternehmensverbindungen. Einführung in die Gestaltung der Organisationsstruktur. München.

Ridder, H.-G. (2001): Strategisches Personalmanagement: Architektur und Steuerungsprinzipien. In: Becker, M.; Schwarz, V. (Hrsg.): Theorie und Praxis der Personalentwicklung. Aktuelle Beiträge aus Wissenschaft und Praxis. München, Mering, S. 92–111.

Schein, E. H. (1995): Unternehmenskultur: Ein Handbuch für Führungskräfte (engl. 1985). Frankfurt.

Scholz, C. (2001): Zukünftige Aktionsfelder des Personalmanagements. In: Schwuchow, K.; Gutmann, J. (Hrsg.): Jahrbuch Personalentwicklung und Weiterbildung 2001/2002. Neuwied – Kriftel, S. 3–8.

Schreyögg, G. (1998): Organisation. Grundlagen moderner Organisationsgestaltung. Wiesbaden, 2. Aufl.

Schreyögg, G. (1992): Organisationskultur. In: Frese, E. (Hrsg.): Handwörterbuch der Organisation. Stuttgart, 3. Aufl., Sp. 1526–1537.

Sokolowski, K. (1999): Ein Flow-Erlebnis – im Idealfall. In: Personalwirtschaft, 26. Jg., Heft 2, S. 28–31.

Wagner, D. (1991): Organisation, Führung und Personalmanagement: neue Perspektiven durch Flexiblisierung und Individualisierung. Freiburg im Breisgau, 2. Aufl.

Wanous, John P. (1992): Recruitment, Selection, Orientation and Socialization of Newcomers. Reading/Massachusetts, 2. Aufl.

Weitbrecht, H.; Mehrwald, S. (1998): Mitbestimmung, Human Resource Management und neue Beteiligungskonzepte. Expertise für das Projekt „Mitbestimmung und neue Unternehmenskulturen" der Bertelsmann Stiftung und der Hans-Böckler-Stiftung. Gütersloh.

Wunderer, R. (2001): Führung und Zusammenarbeit. Eine unternehmerische Führungslehre. Neuwied, Kriftel.

Wunderer, R.; Küpers, W. (2003): Demotivation – Remotivation. Wie Leistungspotenziale blockiert und reaktiviert werden. München.

8 Abbildungsverzeichnis

Abb. 1	Retention und Austauschbeziehung im Unternehmen	14
Abb. 2	Entwicklung von Retention im Unternehmen	16
Abb. 3	Ebenen der Kultur	25
Abb. 4	Positive (+) und negative (–) Auswirkungen der Commitment-Komponenten gemäß der analysierten Studien	31
Abb. 5	Erscheinungsformen Retentionmanagement	34
Abb. 6	Entscheidungskubus des Retentionmanagements	35
Abb. 7	Ablaufschema für das Retentionmanagement	37
Abb. 8	Unternehmenskulturtypen	41
Abb. 9	Auswertungsbeispiel Unternehmenskultur	42
Abb. 10	Produkt-Portfolio	49
Abb. 11	Identifikation erfolgskritischer Positionen	50
Abb. 12	Leistungs-/Arbeitsmarktportfolio	53
Abb. 13	Identifikation des Handlungsbedarfs	56
Abb. 14	Checkliste zur Retentionorientierung der Führung	62
Abb. 15	Fragen zur Retentionorientierung der Anreizsysteme	65
Abb. 16	Checkliste zur Retentionorientierung der Personalauswahl	68
Abb. 17	Checkliste zur Retentionorientierung der Personalentwicklung	71
Abb. 18	Checkliste Retentionorientierung der Arbeitsgestaltung	74
Abb. 19	Controlling-Regelkreis	78
Abb. 20	Beispiel für eine Fluktuationskostenberechnung	79
Abb. 21	Führungs- und Fachlaufbahn bei der Phoenix Contact	89
Abb. 22	Fragebogen zu Motivationsbarrieren	114
Abb. 23	Auswertung der Unternehmenskulturtypen	138
Abb. 24	Checkliste Implementierung Retentionmanagement	143

9 Autorenverzeichnis

Dr. Sascha Armutat
ist seit Mai 2000 Leiter des Referats Arbeitskreise der Deutschen Gesellschaft für Personalführung e.V. (DGFP). Er koordiniert in dieser Funktion unter anderem die praxisorientierten Forschungsaktivitäten der DGFP, wirkt als Moderator an verschiedenen Expertengruppen und Veröffentlichungsprojekten der DGFP mit und gibt die DGFP-Schriftenreihe PraxisEdition heraus.
E-Mail: armutat@dgfp.de

Ralf Brümmer
ist Leiter Personal/Beschäftigungsmodelle bei der Deutschen Bank AG, Zentrale Frankfurt. Der studierte Bankfachwirt, seit 1983 Mitarbeiter der Bank, ist mehr als fünfzehn Jahre in unterschiedlichen Funktionen der Personalbetreuung und -entwicklung sowie als Personalleiter einer südwestdeutschen Filiale tätig gewesen. Seit April 2000 leitet er ein speziell zur Begleitung des Strukturwandels im Bankensektor geschaffenes, eigenständiges Ressort zur Beschäftigungssicherung und Employability-Förderung sowie zur Flexibilisierung des konzernweiten Arbeitsmarktes unter dem Label „Deutsche Bank – Mosaik für Beschäftigung".
E-mail: ralf.bruemmer@db.com

Jürgen Busch
wechselte nach 20 Jahren Personalarbeit in leitender Funktion in das Controlling und baute vor 10 Jahren bei der Gerresheimer Glas AG den Bereich Personalcontrolling auf. Zwischenzeitlich erweiterten sich seine Aufgaben um die Zuständigkeit für Tarifverhandlungen und das Gebiet Arbeitssicherheit und Gesundheitsmanagement.
E-Mail: j.busch@gerresheimer.com

Anke Geyer
ist seit 2003 bei der Rheinmetall AG im Zentralbereich Personal als Leiterin Personal/Obere Führungskräfte beschäftigt. Nach dem Studium der Sozialwissenschaften hat sie in verschiedenen Unternehmen Erfahrungen von der Personalentwicklung bis hin zur operativen Personalarbeit in Stab

und Linie gesammelt. Aufgabenschwerpunkte waren und sind neben der operativen Personalarbeit die Begleitung von Veränderungsprozessen.
E-Mail: Anke.Geyer@Rheinmetall-Ag.Com

Michael Hugo
ist nach seiner Ausbildung zum Versicherungskaufmann und Studium an der Universität Köln seit 1989 in verschiedenen Unternehmensbranchen für unterschiedliche Personalaufgaben verantwortlich gewesen. Von 2000 bis 2003 war er als Leiter Personalwesen Management der VW AG für die operative und strategische Personalarbeit für das Management der kaufmännischen Bereiche in Deutschland verantwortlich. Seit November 2003 ist er als Leiter Personal der gedas-Gruppe (IT-Tochter des VW-Konzerns) für die Einführung weltweiter Personalstandards und Prozessverbesserungen sowie für die Ausgestaltung der Jobfamilie „Dienstleistungen/IT-Dienste" zuständig.
E-Mail: Michael.Hugo@gedas.de

Klaus Meiser
übernahm nach Tätigkeiten in der beruflichen Erwachsenenbildung die Verantwortung für den Aufbau einer systematischen Personalentwicklung bei Gerling als Leiter PE. Nach mehrjähriger Tätigkeit als Personalleiter ist er nun für die gesamte Aus- und Weiterbildung sowie Personal- und Organisationsentwicklung bei Gerling verantwortlich. Schwerpunkte sind hier Wertorientierung, Blended Learning und Business Prozesse in der qualitativen Personalarbeit.
E-Mail: Klaus.Meiser@gerling.de

Prof. Dr. Annette Nagel
ist seit 1999 Inhaberin einer Professur für Betriebswirtschaftslehre, insbesondere Personalmanagement, an der FH Münster, University of Applied Sciences. Zuvor war sie in verschiedenen Positionen des Personalmanagements bei der WestLB und der Henkel KGaA, Düsseldorf – zuletzt als Leiterin Recruitment & Management Development Systems – tätig. Ihre aktuellen Arbeits- und Beratungsschwerpunkte sind Recruiting- und Retentionmanagement, Personalcontrolling und professionelle Personalarbeit in Veränderungsprozessen.
E-Mail: nagel@fh-muenster.de

André Schleiter
studierte Volkswirtschaftslehre an den Universitäten Heidelberg, Grenoble und Kiel. Seit 1999 ist er Projektleiter im Themenfeld Wirtschaft & Soziales bei der Bertelsmann Stiftung in Gütersloh. Er verantwortet Projekte zu Fragen des betrieblichen Personalmanagements, der Arbeitsmarktpolitik und des demographischen Wandels.
E-Mail: Andre.Schleiter@Bertelsmann.de

Prof. Dr. Hansjörg Weitbrecht
ist Mitbegründer und stv. Aufsichtsratsvorsitzender der O & P Consult AG, Heidelberg, Organisations- und Personalentwicklungsberatung. Nach dem Studium der Betriebswirtschaft und Soziologie in Deutschland und den USA (Dipl.-Kfm. und M.A.) war er 1968 bis 1995 in verschiedenen leitenden Personalfunktionen bei IBM, der Landesgirokasse und Boehringer Mannheim tätig. Seit 1987 war er Lehrbeauftragter und seit 1994 ist er Honorarprofessor an der Universität Heidelberg am Institut für Soziologie mit den Schwerpunkten Organisation, Management und Industrielle Beziehungen.
E-Mail: weitbrecht@uni-hd.de

Wertorientiertes Personalmanagement in der Praxis

Wertorientiertes Personalmanagement – ein Beitrag zum Unternehmenserfolg
Konzeption – Durchführung – Unternehmensbeispiele
PraxisEdition

DGFP E.V. (HRSG.)

Bielefeld 2004, 116 Seiten, 29,– €
ISBN 3-7639-3188-0
Best.-Nr. 60.01.500

Wie lässt sich der Beitrag, den das Personalmanagement zur Entwicklung des ökonomischen Unternehmenswertes leistet, quantitativ messen? Mit einem Leitfaden zur Konzeption und Einführung eines wertorientierten Personalmanagements stellt der gleichnamige Arbeitskreis der DGFP anhand eines Modells auf, wie strategische Erfolgsfaktoren, Erfolgsprozesse und Werttreiber des Personalmanagements abgestimmt auf die Unternehmensstrategie identifiziert, gemessen und gesteuert werden.

Ihre Bestellmöglichkeiten:
W. Bertelsmann Verlag, Postfach 10 06 33, 33506 Bielefeld, Tel.: (05 21) 9 11 01-11
Fax: (05 21) 9 11 01-19, E-Mail: service@wbv.de, Internet: http://shop.wbv.de

W. Bertelsmann Verlag Fachverlag für Bildung und Beruf